U0612627

主　编　周文劲　乐素娜

副主编　沈国琴

编　委　（按姓名笔画排序）

王慧英　乐素娜　李　靓　周文劲　高　虹

画说中国茶

——茶事·茶俗

中国茶叶博物馆 编著

母隽楠 绘画

中国农业出版社

目录

享誉世界的"国茶"
——西湖龙井茶

在龙井村有一位老阿太，平时最喜欢做的事就是给孩子们讲故事。阿太今天讲的是龙井茶故事的由来。

传说在很久以前，王母娘娘在天庭举行盛大的蟠桃会，各路神仙受邀赴会，神童仙女吹拉弹唱、奉茶献果，往返不绝。正当地仙捧着茶盘奉茶时，忽听善才童子嚷道："地仙嫂得了重病，在床上翻滚乱叫，快回去看看！"地仙心里一急，手中茶盘一歪，一只茶杯咕噜噜地翻落到尘世间。

天上一日，人间数载。地仙为找茶杯，下到了人间，落到杭州，变成了一个和尚，他来到西边山上去寻找那只失落的杯子。这一天，他看到有座山像一只蹲着的狮子，秀石碧壑，山间竹林旁有座茅草房，门口坐着一位老奶奶。地仙走到老奶奶面前施礼后问："这儿是什么地方呀？"老奶奶回答："这里叫龙井村。听先辈们说，有天晚上，突然从天上落下一道金光，像是一条飞龙从天而降，落入井中。

从此，这里就叫龙井村了。"地仙听了心里又惊又喜，东张张西望望，突然他眼睛一亮，只见一只石臼呈现在他的眼前。那不是我的茶杯吗，地仙想要回石臼。老奶奶望着破石臼心想，这么脏的石臼叫人家怎么搬呀，便把里面盛的陈年垃圾埋到屋后那18棵茶树的根头，然后把洗得干干净净的石臼还给了地仙。地仙一见，竟大声叫起来："哎呀，我的宝贝呢？"原来，那些埋在18棵老茶树下的陈年垃圾就是破石臼里的宝贝。

有了这些宝贝的滋润，到了第二年，老奶奶屋后的18棵茶树竟密密麻麻地生出一片片葱绿的嫩芽，采下的茶叶又细又香。直到现在，茶农们都说，老奶奶屋后的18棵茶树是龙井茶的祖宗呢。

知识链接：

"西湖龙井"茶属炒青绿茶，历史上曾分为"狮"、"龙"、"云"、"虎"、"梅"五个品号，现在统称为西湖龙井茶。"西湖龙井"以色绿、香郁、味甘、形美四绝而著称于世，其干茶外形扁平挺秀、光滑匀齐、色泽绿润。

小鸟送来的礼物——径山云雾茶

　　径山云雾茶是浙江省的历史名茶。日本高僧来这里研究佛教，回国时将这里的茶籽、制茶技术和饮茶的礼仪都带到了日本。而现在日本的茶叶及茶道就是在这个基础上发展起来的。

　　关于径山云雾茶的来历在当地流传着这样一个传说。

　　相传，在径山上住着一对善良的老夫妻，大家称他们阿公、阿婆。一天，阿公在山上砍柴时，忽然听到一阵凄厉的鸟叫声。他循着声音找过去，看到地上有一只翅膀受伤的小鸟，痛苦地挣扎着。阿公急忙把小鸟抱回家中救护，阿婆每天精心地照顾它，小鸟很快就痊愈了。看着小鸟展开翅膀飞上天空，这对老夫妻十分欣慰。

　　有一年的春天，阿婆忽然生了一种怪病，每天吃不下，喝不下，身体很快消瘦了下去。一天夜里，忽然传来了敲门声，阿公开门一看，门口站着一位英俊少年。少年说："阿公，我是天上的护茶童子，有天贪玩来到人间，不想被人用箭射中，是您救了我。现在阿婆生病了，我特意送药来了。"说完，少年从衣袖里拿出一粒种子递给阿公。

阿公谢过少年，急忙来到院子里，当晚就种了下去。第二天就长成了一棵满是葱绿嫩叶的小树。他采下鲜叶，煮了水喂给阿婆喝，一碗下去，阿婆慢慢睁开了眼睛，连喝几碗后，竟能下地走动了。看到阿婆这么快就好了，阿公脸上笑开了花。

几年过去了，在阿公阿婆的精心培育下，整个径山的山坡上都种满了茶树。大家平日里不但自己喝，还将茶和茶籽送给过往的行人。后来这种茶传到了日本。

知识链接：

径山云雾茶：在唐宋时期已经十分有名。日本僧人南浦昭明禅师曾经在径山寺研究佛学，后来把茶籽带回日本，也是当今很多日本茶叶的茶种。茶叶外形细嫩有毫，色泽绿翠，香气清馥，汤色嫩绿莹亮，滋味嫩鲜。

天庭的遗珠——安吉白茶

在浙江安吉流传着一个和茶圣陆羽有关的小故事。

传说陆羽有一个青梅竹马的伙伴叫李季兰。两人失散多年后，有幸再次相遇并相知相恋，正当俩人沉浸在幸福之中时，季兰却遭遇不测。这之后，陆羽怀着对季兰深深的思念以及对茶的热爱，走遍大江南北考察茶区，最后来到浙江湖州定居下来。

在湖州的日子里，陆羽整天闷闷不乐地独居在山里，除了伏案撰写《茶经》，其他时候就在回忆当年与季兰在一起吟诗作对、听蝉观月的日子。

一天，陆羽来到附近的一座山头上，山顶的平地上长满了一种他从来没见过的茶树。这种茶树的叶子从外形上看和普通茶树没什么两样，唯独新发出的芽尖是白色的，好像是碧玉盘中的白珍珠，非常好看。陆羽惊喜不已，立即采摘炒制，就地取溪水烧开了冲泡。但见茶水清澈透明，清香扑鼻，碗中茶雾冉冉升起，时聚时散，在离碗口一尺高的上方，竟然若隐若现幻化出季兰的影子。陆羽诧异不已，不禁说道："难道此茶是季兰仙化而成？"他轻轻地品了一口茶水，顿觉神清气爽，两腋生风。"在我终老之时又见季兰，有知己和美茶相伴，此生足矣。"话音未落，只见陆羽整个人轻飘飘向天上飞去，竟然因茶得道，羽化成仙……

陆羽成仙后来到天庭。那时，天上只有玉液琼浆，不知道茶为何物。陆羽拿出白茶献上，众仙一尝，齐声赞道："妙啊！"玉皇大帝立即派天兵天将把白茶全部移植天庭。陆羽不忍看到茶中极品从此在人间消失，偷偷留下了一粒白茶籽。我们现在喝到的安吉白茶，都是这颗白茶籽的子孙呢。

知识链接：

安吉白茶：生长在浙江省北部，是在特定的优良生态环境条件下产生的，具有白化现象的茶树十分稀有，属绿茶类。春季新发出的嫩叶纯白色，之后变成白绿相间的芽叶，到了夏天呈现为全绿色。

罗汉送茶——惠明茶的传说

浙江云和县有座大山，叫赤木山。赤木山上有个小岗，叫金香岗。金香岗上有个深洞，叫石乳洞。石乳洞前有眼山泉，叫浣香泉。这个泉眼里冒出的泉水，又清澈又甘甜，蓝二婶婶的家就住在泉边，每天干完农活，她都会喝泉水解渴去乏。

一天，蓝二婶婶干完农活回家，看见一个面容枯瘦蜡黄的老和尚倒在家门口。这位老和尚已经病得连开口讲话的力气都没有了，蓝二婶婶急忙舀了一勺泉水往老和尚嘴里灌。说来也怪，喝了泉水后，老和尚第二天就能活动了，精神也一天比一天好。他每天只喝泉水，什么食物都不吃，整天在院子里

忙着种茶籽，用山泉水浇灌茶园。一天天过去了，茶苗越长越高，老和尚的面色也越来越红润。突然有一天，老和尚跟蓝二婶婶说他要走了。

原来，老和尚是一位得道高僧，只差一肚皮的香泉水就能成为罗汉了。为了感谢蓝二婶婶的救命之恩，他留下了珍藏多年的"神草"——白茶树。老和尚又说："你把这些叶子煎着喝，能提神明目、清胃润肺，可以治病呢！"

蓝二婶婶急切地问："大师，这叫什么茶？"

老和尚一边盘腿闭眼坐下，一边低声念道："此心难报婶恩惠，留株白茶照山明。"说着说着，他就坐化了。

后来，人们为了纪念这位老和尚，就把他留下的茶叫惠明茶。

知识链接：

　　惠明茶：早在明代成化年间就被列为贡品，主要产自浙江景宁县。惠明茶的叶芽稍有白毫，乳白中带淡黄。此茶曾获巴拿马万国博览会金质奖章和一等证书。

山清水秀出"太虚妙露"

浙江遂昌是著名的茶区，有茶园5万多亩。去过遂昌的人，不仅会迷恋这里的山山水水，更会被这里特有的茶情茶事所吸引。

在民间，每年过年、元宵节或是早春茶叶开采的时节，村民们会集聚在一起，上演传统的茶灯戏《采茶》，期盼风调雨顺，茶叶丰收。

遂昌的茶文化历史相当久远，太虚妙露茶相传就和明朝的开国皇帝朱元璋有关。

相传明朝建国之初，江浙一带战事不断，派去的先遣部队攻伐不利，于是明太祖朱元璋就决定亲自到浙江督战，当时就在乌溪江边上的太虚观暂住。他调查军事战情，分析地形地貌，推进了战事的发展速度。太虚观的观主见皇帝终日操劳，于是献上自制的土茶给朱元璋解乏。朱元璋刚接过茶碗，就闻到阵阵幽香，一见茶汤翠绿诱人，趁热细啜了几口，

只觉得满口清香，心旷神怡，就问观主是从哪里弄来的仙茶？观主答道是观里自己栽种的云雾茶。继而又说，这茶还没有名字，今天有幸被皇帝赏识，就请皇帝赐个名字吧。

朱元璋稍作沉思，见这里四面环山，山涧细水长流，淙淙而下，观前古松参天，就即兴赐名为"太虚妙露"。

从此，"太虚妙露"就成了浙江遂昌在明朝年年要选送的贡茶。

知识链接：

遂昌县位于浙江西南，是丽水市下辖的一个县。遂昌地区人杰地灵，也被称为中国竹炭之乡、菊米之乡和龙谷丽人茶之乡。

遂昌县自隋唐时期就以产茶著称，北宋时遂昌茶场是全国著名茶场之一，每年向朝廷贡茶。茶叶已经成为全县的主导产业之一。除太虚妙露茶外，还有龙谷丽人茶、遂昌银猴、春来早、三井毛峰等茶叶品种。

"吓煞人香"——碧螺春

听说过江苏名茶——碧螺春吗？当地百姓说它是"铜丝条、螺旋形、浑身毛、吓煞香"。

相传很久以前，在江苏太湖边上有种奇异的香气，因祖祖辈辈都说那是莫厘峰上的妖精在作祟，所以一直没有人敢上山。碧螺姑娘虽然年纪小，却是一位勇敢、倔强的女孩。有一天，她偷偷去了莫厘峰。

刚走到半山腰，一股清香迎面扑来，碧螺姑娘顿时一惊，朝四面望望，什么妖怪也没有呀，眼前只有几株生长在石缝里的小茶树。她忐忑地走近茶树，小心地用手指尖轻轻触碰了一下叶片，然后马上把手缩了回来，唯恐树叶缝里突然钻出一个张着大嘴、露出锋利牙齿的怪物。过了一会看看什么事情都没有发生，她的手指不痛也不痒，指尖还留有一股淡淡的清香味。碧螺姑娘看天色不早了，就采摘了一些芽叶揣在怀里下山了，哪知她怀里的茶叶一路散发出浓郁的香气，而且越走香气越浓。回到家里，姑娘感到又累又渴，就从怀里取出茶叶，泡了一杯，顿觉满屋芬芳，姑娘惊叫"吓煞人香，吓煞人香！"

姑娘喜出望外，第二天带上锄头上山去了，把宝贝茶树移回家来栽种。几年以后这茶就遍布了整个洞庭山。

那么，"吓煞人香"怎么改名为碧螺春呢？据说，这是皇帝下江南时品尝了此茶，见其碧绿清澈，味醇回甘，十分喜欢，但嫌这"吓煞人香"茶名太俗，又见茶叶形状卷成一圈，像极了一颗颗小螺丝，就赐此茶名为"碧螺春"。

知识链接：

碧螺春：产于江苏省苏州市吴县太湖的洞庭山（今苏州吴中区），又称洞庭碧螺春，是中国十大名茶之一。洞庭东山宛如一个巨舟伸进太湖半岛，洞庭西山则是一个屹立在湖中的岛屿。洞庭碧螺春产区是中国著名的茶、果间作区。茶树和桃、李、杏、梅、柿、橘、白果、石榴等果木交错种植，茶吸果香，花窨茶味，陶冶着碧螺春花香果味的天然品质。

灵猴摘草——阳羡茶

在江苏宜兴一直流传着这样一个故事。

相传阳羡的云雾山上住着一个叫杨贤的年轻猎人，有一次他在云雾山的山脚下碰到了一只受伤的小猴子。这猴子看到杨贤不但没有躲藏，反而用两只前爪抱着杨贤的腿，抬着头，满眼含泪地看着他，好像在说："好心人，救救我！"杨贤见它可怜，就好心把它救了下来。从此以后这只小猴子整天就跟在杨贤的身后，像一家人似的快乐地生活着。

一天，杨贤带着小猴子上山，看到在云雾缭绕的悬崖边上有棵茶树，可是悬崖高而陡峭。杨贤想：怎么才能上去呢？这时，小猴子好像知道主人的心思似的，突然一跃而上，三下两下就攀到了崖顶，它吊住树枝，用嘴轻轻一衔，一片叶子就掉了下来。不一会儿，地上就堆起了一个"茶叶大馒头"。杨贤把这些茶叶拿回家进行加工，完成后满屋清香，四方邻居喝过后都啧啧称奇，说这茶："真是神仙送的宝贝"。

没料到，杨贤家有宝贝的事情，一传十，十传百，竟然传到了县令的耳朵里。当地的县令是个贪官，立即带着人来抢。杨贤镇定地说："宝贝没有，仙茶倒有一株，只是它长在悬崖上。"县令一看，山体陡峭，根本不可能上去，顿时火冒三丈："可恶的奴才，竟敢戏弄本官。"还派人殴打了杨贤。

小猴子一见主人挨打，立刻冲上去对着县令又咬又抓，吓得县令连滚带爬地逃走了。赶走了县令后，猴子还不解恨，又噌噌几下爬到悬崖上，把茶树连根拔起，狠狠地扔了下去。

说来也怪，这茶树落到地上很快就生根发芽了。一年过后竟漫山遍野都是茶树。后来人们给这些茶树起了个名字叫"杨贤茶"，也就是今天的阳羡茶。

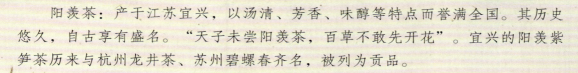

知识链接：

　　阳羡茶：产于江苏宜兴，以汤清、芳香、味醇等特点而誉满全国。其历史悠久，自古享有盛名。"天子未尝阳羡茶，百草不敢先开花"。宜兴的阳羡紫笋茶历来与杭州龙井茶、苏州碧螺春齐名，被列为贡品。

不悔约的周打铁茶

周打铁茶产于江西省丰城县，品质优异。据说茶名还是乾隆皇帝钦赐的呢！

相传清朝年间，乾隆皇帝经常微服私访，有一次他打扮成商人模样来到江西。一路走来，见有座农家小院虽是泥墙草瓦，但庭院门户却收拾得十分干净。乾隆这时也有些累了，便跟身边的随从说道："我们去这家休息一下，讨杯茶喝。"

山里人厚道朴实，主人周大婶见来了客人，忙从屋里搬出桌椅，摆在院子的树下，请客人坐下，又忙着烧水沏茶。

乾隆端起泡茶的粗瓷大碗，茶还没入口就觉得一股清香扑鼻而来，一碗喝下去，满口甘甜，清爽无比。

乾隆问道："请问大婶，这等好茶，产于何处？"

"乡野山村的哪有什么好茶，都是自家茶园产的，准是客官赶路渴了才觉得好喝。您二位如不嫌弃，就多喝点。"大婶说道。

乾隆一听这大婶还真是个爽快人，就让随从摆开笔墨纸砚，写下了：秋后请送四斤上等好茶到京城干三爷布庄。写完之后就起身走了。

周家是个实在人家，第二年春雷一响，丈夫周打铁就把第一批茶叶打好包送入京城。当他到达京城之时，正巧乾隆离宫外出，山里人不知礼数，贸然上前拦路询问，侍卫接过纸条和茶叶交给乾隆，乾隆其实早就忘了此事，自己曾经一时兴起写下的字条，让周家千里迢迢地特意送了一趟，深感周家的重情重义，便降旨赐周打铁种的茶为"周打铁茶"，定为贡茶。从此周打铁这个名字和他种的茶一起名扬四方，流传后世。

知识链接：

周打铁茶：属绿茶，产于江西省丰城市，外形条索紧结，稍弯曲；色泽油润，香气纯正，汤色黄绿明亮；滋味醇和，饮后清凉爽口，叶底嫩绿。

茶杯中冒出小笋尖——君山银针

　　湖南的名茶君山银针乍一看就像是一根根浑身披满白毫的银针，所以，古人形容它是"白银盘里一青螺"。更为神奇的是这种茶在冲泡的过程中，茶芽会竖立悬空在水里，徐徐上升后下沉，再升再沉，三起三落，蔚成趣观。传说它的第一颗种子是4000多年前的娥皇、女英播下的。

　　君山，又叫洞庭山。本身就是神山仙境的意思，可这神山却并不怎么太平。相传4000多年前，舜帝在南巡的时候不幸驾崩于湖南的九嶷山下，他的两位爱妃娥皇、女英一听到噩耗就急急忙忙前往奔丧。当船行到洞庭时，被风浪打翻，眼见两位妃子就要落水了，这时从湖面上飘来72只青螺，说来也奇怪，这青螺能随着洞庭湖水涨退而伸缩，像"定海神针"似的牢牢地把两位妃子托起。之后两位妃子就将随身所带的茶籽播于君山，这就是君山茶的母本，也是天下黄茶正源所在。

后来，人们为了纪念舜帝及两位妃子，就模仿"定海神针"的形状通过七八道工序，先做形后闷黄，将君山茶制成像松针一样紧实的茶，取名君山银针。如果有机会品饮到这种茶，你会发现这种茶在冲泡的过程中，几番飞舞后团聚一起，立于杯底，根根直立向上，犹如当年那72只青螺稳稳托起两位妃子的境况。

知识链接：

　　君山银针：产于湖南岳阳洞庭湖中的君山。茶叶形细如针，故名君山银针，其成品茶芽头茁壮，长短大小均匀，茶芽内面呈金黄色，外层白毫显露完整，而且包裹坚实，茶芽外形很像一根根银针，雅称"金镶玉"，属于黄茶类。君山茶历史悠久，唐代时茶叶生产就十分著名。

报恩的老猴——太平猴魁茶

　　传说在黄山的山坑里，住着一户姓王的人家，除了一家三口，还有两只雪白的老猿猴，据说这是王老爹从山上救回来的。

　　一到收获的季节，山里经常会有野猴子进村来偷东西吃。每当看到有淘气的猴子来攀折庄稼，老白猴便出来劝阻，并带领着它们在院子里玩耍。一来二去，王老爹家的院子成了猴子们的聚散地，大家管这里叫"猴岗"。两个老猴在王家住了8年，终因年高死去。老爹找了个山坑埋葬了它们，并堆了个墓。下葬那天，许多猴子都跟着来了，群猴把王老爹埋葬老白猴的情景看在眼里、记在心上。以后，凡有猴子死了，猴子们也把死猴葬在这个山坑。从此，这里就叫猴坑了。

再说，王老爹的女儿秀姑也长到要找婆家的年龄了，可秀姑怎么都不愿意离开家，这件事让王老爹很是烦恼。说来也怪，就在这一年，猴坑逐渐变了模样，在猴子墓和整个山岗上，长满了绿油油的茶树，棵棵枝壮叶茂。王家人高兴地说："这一定是老白猴在帮助我们！"

于是，王老爹带着大家采茶、制茶，把做出的上好茶叶卖了出去。由于茶叶品质优，他又是个诚实守信的人，好名声一下子传遍了山里山外。不少小伙子慕名而来要跟着学手艺，秀姑也在这些年轻人当中选了一位善良勤劳的小伙子和他结成了夫妻，并一起研制茶叶。后来，茶越制越好，成为茶叶之首，就给这种茶起名叫"猴魁茶"。

知识链接：

　　太平猴魁茶：产于安徽省黄山市黄山区。成茶挺直，呈两头尖，有不散、不翘、不弓弯等特点。质量上乘的猴魁茶，在开水冲泡时，杯中芽叶成朵，或浮或降，叶碧汤清，相映成趣。

仙鸟衔茶籽——庐山云雾茶

　　大家都看过《西游记》吧。传说孙悟空大闹天宫之后，回到花果山特别想念蟠桃盛会上喝过的茶，可是花果山没有。一只老猴子眨巴着眼睛问："大王，茶叶是什么样儿的，怎么我们见都没见过？"

　　孙悟空得意起来，说："哈哈！茶叶就是香茗，用来泡着喝的，清香无比。它能提神明目，连玉皇大帝和王母娘娘也喜欢喝呢！我去弄点儿来给你们尝尝吧。"

　　孙悟空一个跟头上了天，驾着祥云向下一望，见九州岛南国一片碧绿，仔细看时，果真是茶树。这时正好是秋季，茶树已经结籽，孙悟空挠挠耳朵有点发愁：茶树倒是有，可我老孙不会采茶呀！他在云端里跳来跳去，不知如何是好。

这时候，"呱、呱、呱"天空中飞来一群多情鸟，他们见猴王驾着祥云，忽而东忽而西地跑，不知何故，便飞上前去问道："猴大哥，你这是干什么呀？"

孙悟空道出了难处，众鸟一听，嘻嘻笑着说："这等小事，用不着焦心，我们来给你采吧！"

只见多情鸟展开双翅，俯身飞下，一口衔起茶籽，又起身往花果山飞去。多情鸟嘴里衔着茶籽，穿云层，飞蓝天，越高山，过大河，一直往前飞。谁知飞过庐山上空时，巍巍庐山胜景把它们吸引住了，领头鸟竟情不自禁地唱起歌来。领头鸟一唱，其他鸟一和，茶籽便从它们嘴里掉了下来，直掉进了群峰岩隙之中。从此云雾缭绕的庐山便长出棵棵茶树，产出了"色香幽细比兰花"的优质云雾茶。

知识链接：

　　庐山云雾茶：香——爽而持久，味——醇厚而含甘，历来被饮者视为珍品，系中国十大名茶之一，始产于汉代，已有1000多年的栽种历史，宋代列为"贡茶"。庐山云雾茶以味醇、色秀、香馨、液清而久负盛名。风味独特的云雾茶，由于受庐山凉爽多雾的气候及日光直射时间短等条件影响，形成其叶厚，毫多，醇甘耐泡，不仅味道浓郁清香，怡神解泻，而且可以帮助消化，杀菌解毒，具有防止肠胃感染，增加抗坏血病等功能。

神农护宝——祁门红茶

　　说起安徽的祁门红茶，只要是喝过的人都会竖起大拇指。为什么它的品质这么好呢？这里面有个传说。

　　上古的时候，神农尝百草时发现了很多可以吃的食物，王母娘娘听说后口水直流，于是设宴席邀请神农及诸仙入宫。仙宴之后，众神仙都有点口渴并昏昏欲睡，神农便拿出一张绿色的叶片，用水泡开。众神饮后，倦意全消，连连赞道："真是人间奇宝！"

王母追问道："产于何地？"

神农当然明白她的心思，就含糊回答说："产在奇山奇门。"

王母娘娘听后，暗暗地差神将去人间寻夺"奇宝"。与此同时，神农也把茶树托给了人间一对聪明、勤劳的小夫妇去管理。

小俩口一起深翻坡土、精心浇灌。不久，整个山坡都长出了绿油油的茶树苗。每天早上，村民们都要先来这里讨口茶水喝。说来也神奇，只要喝了这茶水，村民们个个精神十足，干活更有劲头。

再说那些去寻找"奇宝"的神将们，也偷偷化为凡人打探消息。精灵的妻子一见是不认识的外乡人，打听的又都是关于茶树的事情，想到神农当时交代的"有智种得树满坡"的话。为保住家乡的茶叶，便机灵地谎称此处不叫"奇门"，叫"祁门"。神将听后点头说："原来是这样，那我们告辞了。"从此，当地所产的红茶就被称为了"祁门红茶"。

知识链接：

　　祁门红茶：产于安徽省祁门县，是红茶中的极品。祁门红茶香气浓郁持久，似蜜糖香，又似蕴含兰花香，滋味醇厚，回味持久，在国际市场上被誉为"祁门香"。

老祖宗为什么不爱喝六安瓜片茶

安徽有一种驰名中外的绿茶叫"六安瓜片"，《红楼梦》里老祖宗贾母一声"我不吃六安茶"让很多人对它产生了偏见。贾母为什么不爱喝这个茶呢？这茶无论是外形、汤色还是口感都属中国绿茶当中的顶尖产品呀，而且当地还有一个动人的传说故事呢！

传说有天安徽齐头山来了一个穿黑衣衫的美貌女人。因为她讨厌鲜花，自从她来了以后，整个村子就像一口大棺材似的。

这时，一位银发如雪的老婆婆带领村民们一起种花苗、种茶树，看到花苗和茶苗沐浴着春风噌噌往上长……黑衣女人顿觉诧异，便问："这是啥玩意？"

老婆婆知道她讨厌鲜花，便说："它的叶子像切开的一丫一丫吃了瓢的瓜皮，所以叫……瓜片！"

黑衣女人听后心生疑窦，半天沉默不语了，突然张口对着老婆婆喷出一股浓浓的黑气。老婆婆一见不敢怠慢，忙掏出一把花蕊，用嘴一吹。花蕊就像风筝一样飘向黑气。花香弥漫冲走了所有的浊气，黑色妖气顿时变成乳白色的雾，缭绕着化成雾珠。

黑衣女人又吐出一股更大的黑气，老婆婆也紧跟着掏出更大一把干花蕊……眼看黑衣女人渐露败象，谁料她转身躲入洞中，喷出一股更大的黑气。老婆婆又赶忙去掏花蕊，可是没有了。她纵身跳入黑气中，变成了美丽的仙女，身披百花薄纱，大口大口地吸着黑气。就在这紧急关头，漫山遍岭的鲜花开放了，有红、黄、蓝、紫、橙色……香气四溢。黑衣女人大惊失色，大叫一声："气煞我也！"喷出最后一股黑气，现出了原形，原来是一只大蝙蝠。

黑气一散，仙女跌落下来，人们顿时流下了感激的泪水，仙女用尽最后一口力气，轻轻地说："我中了蝙蝠精的毒，你们赶紧采摘瓜片，烘焙成茶叶，泡水喂我，快去。"

村民们遵命，泡来了茶水，仙子咕嘟咕嘟喝下后不一会儿就毒气全消，面色如常了。

从此以后，这救了仙女性命的茶大家都管它叫"瓜片茶"。

知识链接：

六安瓜片：产于安徽省六安、霍山、金寨三县毗邻的山区和低山丘陵，它的外形似瓜子形的单片，自然平展，色泽宝绿、大小匀整，不含芽尖、梗茎。

善良的金凤凰——安徽松萝茶

松萝茶不但色、香、味俱佳，而且有特殊的药用价值。

相传古时候松哥、萝妹夫妇二人为了解除乡亲们的病痛，常在山上采药。那一年，正逢朝廷选美，萝妹遭到官府的追捕，松哥带她逃到山上，因无路可寻，被逼双双跳崖而死。据说就在这时忽然有两只五彩的金凤凰从谷底冲天而起，向远方飞去。乡亲们为了纪念他俩，就在悬崖边上修建了一座寺庙，并给山起名为松萝山。

许多年以后的一个中秋节，一位游方和尚来到寺庙，看中了正殿天井下的两只千斤缸，出价千金，说定在 3 日之后一手交钱一手交货买走两只缸。游方和尚走后，长老满心欢喜地命人将两只缸内绿莹莹的积水倒掉，并将缸洗刷得干干净净。3日后，游方和尚如约前来，见状大惊失色，叹道："这缸里的水是仙水，我要买的其实就是那些水呀！"说完，转身飘然而去，连缸都不要了。原来这个游方和尚在寺中住宿时，有次半夜尿急起来，偶然见到两只金凤凰站在缸沿戏水。再定睛一瞧，凤凰不见了，一轮皎洁的满月倒映在缸里熠熠生辉，竟呈现出五彩祥云、凤飞凰舞之状。他知道这两缸是宝水，所以才会以重金购买。

自从仙水倒入地下以后，就化作两股涓涓的清泉，滋润着边上的茶树，患有伤寒痢疾等病痛的人们只要采上几片叶子泡茶喝，几天后就会痊愈。人们认为这是松哥、萝妹化成的茶树默默地在帮助百姓，因此就把这里所产的茶叫做"松萝茶"。

知识链接：

松萝茶：产于安徽省休宁县，历史悠久，在明代已盛名远播。这种茶区别于其他名茶的显著特点是色重、香重和味重。松萝茶有较高的药用价值，古医书中多有记载。

来自黄山的"白莲花"
——黄山毛峰茶

黄山毛峰茶是绿茶中的珍品，产于安徽省太平县和歙县一带。

传说在明朝的时候，江南歙县新上任一位县官叫熊开元。一天他来黄山春游，不小心迷了路，这时遇到一位腰挎竹篓的老和尚。老和尚留他在寺中住宿，还泡茶招待他。熊知县一看，这茶叶每片都是两叶一芽，片片微黄。用开水一冲，神奇的景象出现了，只见热气绕碗转圈，转到碗中心就直线升腾，然后在空中化成一朵白莲花。那白莲花又慢慢上升化成一团云雾，最后散成一缕缕热气飘荡开来，清香满室。看得知县人都呆住了。

第二天临别时，长老又送了他一包茶和一葫芦山上的泉水，并嘱咐一定要用这个泉水冲泡才能出现白莲奇景。

熊知县回去后，遇到老友太平知县，便将冲泡黄山毛峰的过程表演了一番。谁知这太平知县却拿了这茶去皇帝那里邀功请赏，但他只知其一不知其二，没有用当地的泉水冲泡，结果在皇宫大殿上丢了脸。最后，还是熊知县赶到，再次冲泡才出现了白莲奇观。皇帝看得眉开眼笑，对熊知县说："朕念你献茶有功，升你为江南巡抚，三日后就上任去吧。"熊知县十分痛恶官场的尔虞我诈，他在心中感慨："黄山名茶尚且品质清高，何况为人呢？"他终于看破红尘，脱下官服来到黄山云谷寺，出家做了和尚。

知识链接：

黄山毛峰茶：外形微卷曲，状似雀舌，带有金黄色鱼叶（俗称黄金片），色泽嫩绿油润，俗称"象牙色"。冲泡后雾气结顶，颇具观赏性。

勇敢的绿雪姑娘——敬亭绿雪茶

  敬亭绿雪茶产于安徽宣城，从明代开始就被列入贡茶。每年新采摘下来的芽叶，必须先凑足300斤进贡朝廷，可见茶的品质相当优异。据说敬亭绿雪还有一段美丽的传说呢。

  相传古时候，敬亭山上有一个茶园。每天来照顾这些茶事的是个叫绿雪的姑娘。绿雪姑娘长着一双水汪汪的大眼睛，一笑起来嘴角边就多了两个俏皮的小酒窝。她不仅人长得美，还十分勤劳能干。

在宣城里还住着一位茶商，经常贿赂官员并与他们勾结无恶不作，大家背地里都叫他"茶霸"。这个"茶霸"垂涎绿雪姑娘的美色，更想霸占山上这块优质的茶地。绿雪姑娘何等聪敏，一眼就看穿了"茶霸"的心思，在当晚就躲进了敬亭山里。"茶霸"闻讯带着打手追到姑娘家，扬言"不吃敬酒就得吃罚酒"，砸光了东西，还打伤了人。绿雪姑娘决定用自己的生命换取家人的安康，她从敬亭山顶的峭壁上，跳下了山崖。

　　神奇的是绿雪姑娘死后敬亭山上的茶树一棵接着一棵地干枯萎缩，直到整个宣城无茶可采。后来，"茶霸"穷困潦倒，一命呜呼了。而敬亭山的茶树又开始悄悄地萌发新枝，而且产出的茶叶品质更胜当年。大家都说这是绿雪姑娘显灵了，之后人们就称这里的茶叶为"敬亭绿雪"。

知识链接：

　　敬亭绿雪：产于安徽敬亭山。它形似雀舌，挺直饱润，色泽嫩绿，白毫显露，嫩香持久，回味甘醇。

白毫银针茶为什么被称为仙药

福建盛产一种名茶，据说此茶有明目降火的奇效，是茶也是药，这种茶就叫"白毫银针"。

传说政和一带有一年久旱不雨，瘟疫四起。人们听说只有洞宫山上的仙草才能解救，于是，很多勇敢的小伙子前往寻找，但都有去无回。有户人家家中有兄妹三人，三人商定轮流去找仙草，并约定若家中祖传的鸳鸯剑生锈了，就代表发生了不测，下一个人就出发继续寻找。

第一个出发的是大哥名叫"志刚"，但他有去无回。二弟"志诚"来不及悲伤，就果断出发接着去找仙草，但最终也丧命在路上。当最小的妹妹再次发现宝剑生锈时，知道找仙草的重任落到了自己的头上。她出发后，途中遇见一位白发老爷爷。老爷爷十分佩服她的勇气，告诉她在上山的过程中千万不能回头，并送给她一块烤糍粑，小姑娘谢过后继续前行。来到乱石岗，怪声四起，一会儿传来大哥亲切的呼唤声，一会儿又传来二哥急切的求救声，小姑娘听从了老爷爷的话，知道这一切都是假象，她用糍粑塞住耳朵，坚决不回头，终于爬上了山顶，用弓箭射死了黑龙，采下仙草。过乱石岗时，她按老爷爷的嘱咐，将仙草芽叶的汁水滴在每一块石头上，石头立即变成了人，两位哥哥志刚和志诚也复活了。兄妹三人回乡后将仙草种子种满了山坡。这种仙草便是茶树。于是，这一带年年采摘茶树芽叶，晾晒收藏，广为流传，这便是白毫银针名茶的来历。

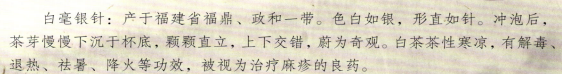

知识链接：

　　白毫银针：产于福建省福鼎、政和一带。色白如银，形直如针。冲泡后，茶芽慢慢下沉于杯底，颗颗直立，上下交错，蔚为奇观。白茶茶性寒凉，有解毒、退热、祛暑、降火等功效，被视为治疗麻疹的良药。

"新娘子姐姐"带回来的茶
——黄金桂茶

　　在福建的东南部有个叫安溪的地方，这里山清水秀，有着得天独厚的自然环境，特别适宜茶树的生长繁殖。根据古书记载，安溪产茶已经有1000多年的历史。茶叶的生产、制作已经融入到当地人民的生活中，形成了一种独特的风俗。

　　在西坪地区，如果看到自己青睐的姑娘，小伙子就会在茶园里跟其对歌，动听悦耳的歌声在茶园上空久久回荡，纯洁的爱情就此发出嫩芽……

　　若是新婚一个月，新娘要回娘家"对月换花"。在返回婆家时，新娘带回的礼物中，必定要有某种植物的幼苗，叫作"带青"，象征着世世代代相传、子孙兴旺发达。

　　西坪地区有一种茶叫黄金桂茶，它还有个名字叫黄旦。相传，在安溪罗岩灶坑村有个青年叫林梓琴，娶了西坪的珠洋村女子王淡为妻。当时，王淡的"带青"之物，就是两株小茶苗。开始大家并没有在意，而把茶苗种在祖宗祠堂旁边的园地里。小茶苗在夫妻二人的精心培育下长得枝繁叶茂，只是它跟旁边其他的茶树比起来叶片要偏黄很多，夫妻俩采来芽叶，加工成干茶后，一屋子都是桂花香气，大家都啧啧称奇，就用王淡名字的谐音给茶起名叫黄旦(即黄金桂茶)。

佳联欣赏：

上联：吸烟有害，花钱买病

下联：饮茶有益，醒脑提神

身披红袍的茶树——大红袍

　　相传古时候，有个穷秀才上京赶考，路过武夷山时病倒在路上，被天心寺的老方丈救回。老方丈见秀才脸色苍白，体瘦腹胀，便从一个精致的小锡罐里抓出一撮茶叶，放在碗里用滚水泡开，让秀才喝下去。秀才见那茶叶在碗中慢慢展开，片片绿叶镶着红边，染得水色黄中带红，好像琥珀一样光亮，一股带有桂花的清香味沁心透肺，喝了几口，立即觉得腹胀消退，精神好了很多。秀才连忙起身，向老方丈拜了三拜说："多谢老方丈见义相救，倘若小生今科得中，定返此地修整庙宇，重塑金身！"然后就赴京赶考去了。

　　不久，秀才金榜题名，中了状元，还被皇上招为驸马。他虽春风得意，但并没有忘记报恩的事。于是在风和日丽的一天，状元骑着高头大马，离开了京城，回武夷山天心寺还愿。与天心寺方丈相见后，说到当年治病的事，状元问是什么样的仙药治好了他的病，方丈说不是什么灵丹仙草，而是九龙窠的茶叶。状元听了，认为这是救命的神茶，就想带些回京，进贡皇上。这时正好是春茶开采季节，第二天老方丈就带领寺院内大小和尚和状元一同来到九龙窠采来茶叶，由最好的茶师进行加工，并用特制小锡罐盛装，由状元带回京城。

　　状元回到京城，正巧得知皇后生病，请遍了名医医治却不见病情好转。状元一问病情，知道皇后是肚疼鼓胀，吃不下东西、睡不着觉。于是向皇上讲述了他从武夷山带回的神茶药效，并取出那罐茶叶呈上。皇帝马上命人熬煮让皇后服下。真是神奇，皇后饮服以后，肚子不疼也不胀了，身体不仅逐渐复原了，而且比没有病之前更加健康、美丽。皇上大喜，将一件大红袍交给状元，让他代表自己去武夷山封赏。一路上，礼炮轰响，火烛通明，状元命一樵夫爬上半山腰，将皇上赐的大红袍披在茶树上，以示皇恩。说也奇怪，掀开大红袍时，三株茶树的芽叶在阳光下竟闪出红光。大家都说这是被大红袍染红的。后来，人们就把这三株茶树叫做"大红袍"。有人还在石壁上刻了"大红袍"三个大字。从此，大红袍就成了年年岁岁进贡的贡茶了。

知识链接：

　　武夷山栽种的茶树品种繁多，有大红袍、铁罗汉、白鸡冠和水金龟四大名枞等。武夷岩茶历史悠久，据史料记载，在唐代已栽制茶叶，到宋代被列为皇家贡品。武夷岩茶具有绿茶之清香、红茶之甘醇，是中国乌龙茶中的极品。

魏饮的宝贝——铁观音

　　铁观音原产福建省安溪县，有人赞美此茶"美如观音重如铁"，其味醇香浓，深受国内外茶客的喜爱。关于此茶的由来，安溪民间流传着这样的故事。

　　在清朝乾隆年间，安溪有个茶农叫魏饮，制得一手好茶。他每天早晚都要冲泡三杯清茶，供奉观音菩萨，十几年从不间断。一天晚上，魏饮做了个梦，梦见观音菩萨出现在屋

后的山崖上，而在崖缝中一株绿油油的茶树发出了奇异的光芒。魏饮正在奇怪，石缝里什么时候长出这茶树？正想伸手去摘几片树叶，突然传来一阵狗叫，把他的好梦惊醒了。

第二天，魏饮果然在崖石上发现了一株与梦中一模一样的茶树，他又惊又喜。这茶树枝繁叶茂，像一把巨大的凉伞，采下一片树叶，清香扑鼻。魏饮将采下的树叶带回家中，精心制作，然后烧水冲泡，顿时香气满屋。魏饮如获至宝，便把茶苗移回家中，种在了破铁锅里。三年后，每棵茶树都长得枝繁叶茂。他把这些茶叶密藏于罐中，遇到有嘉宾贵客来了，就取出来冲泡品尝。凡喝过这茶的人，都赞不绝口，称其为茶王。

因为此茶叶美，比一般茶叶要重，又是观音托梦所获，人们就给它起名为"铁观音"。从此铁观音就名扬天下。

知识链接：

铁观音：乌龙茶中的极品。它条索卷曲，肥壮圆结，沉重匀整；色泽砂绿；整体形状似蜻蜓头，螺旋体，青蛙腿。冲泡后，汤色金黄，浓艳似琥珀，有天然馥郁的兰花香气，俗称有"音韵"。又因铁观音茶香高而持久，人称"七泡有余香"。

这里的擂茶比较"雷人"

　　福建的将乐地区有种十分特殊的饮料叫擂茶，就是将茶叶、芝麻、花生等配料放进擂钵里擂碎，用沸水冲泡而成。在当地，擂茶已经成为客家文化的重要表现形式，连童谣里都唱道："走东家，串西家，喝擂茶，/打哈哈，来来往往结亲家"。人们之所以爱喝擂茶，传说跟一位姓伍的道婆有关。

　　有一年将乐城大旱，饥民遍地，这时又遇上了瘟疫蔓延。伍道婆慈悲心肠，将道观里所有粮食都拿来接济灾民，最后只剩下一小袋芝麻了。怎么办？伍道婆看着道观门口密密麻麻的饥民，让道童去采了些干枯的茶树梗，又抓一些芝麻，掺入茶树梗，放进擂钵里磨成细末，然后，用沸水冲沏成十几缸芝麻茶，分给大家。连续数日，一直挨到下一茬农作物收成。

　　令人想不到的是，有些人喝了伍道婆的擂茶，竟然上了瘾，一天不喝就心烦神躁。因此，这个当年伍道婆急中生智发明的应急饮料就这样慢慢流传开来。后人又新添了一些作料，改良成糖擂茶、清水擂茶、五味擂茶和七宝擂茶等不同风味，成为客家人待客的一种礼仪，深受人们的欢迎。

知识链接：

　　擂茶：一套称为"擂茶三宝"的工具，分别是陶制擂钵、用上等山楂木或油茶树干加工制成的擂棍和用竹篾制成的捞滤碎渣的"捞子"。　擂茶风俗在我国许多省份都有保留，它也是山村农户招待客人的上等饮料。

宝岛上的珍品——冻顶乌龙茶

　　故事发生在100多年前，台湾省南投县鹿谷乡中，住着一位名叫林凤池的勤奋好学的青年，他博学多才，体健志壮，而且非常热爱自己的家乡。有一年，他听到福建省要举行科举考试的消息，很想去参加考试，可是家境贫寒，缺少一笔路费，故不能成行。当地乡亲们知道后，对他说："凤池，你去参加科举考试是好事，有困难，大家来帮你，不要发愁了，赶快准备吧。"于是，大家慷慨解囊，给林凤池凑足了路费。临行时乡亲们送他到海边登船后挥手道别，七嘴八舌地再三叮嘱："祝你一路顺风，路上多加小心啊！""不管考得怎样，可要回来呀！""别忘记了故乡和乡亲们，我们盼你回来呢！"林凤池感动

地流下热泪，暗下决心一定要为乡亲们争光。

林凤池不负众望，果真金榜题名，考上举人，后在县衙内就职。一天，林凤池决定回台湾探亲，回台湾前邀请同僚一起到武夷山游览。上山后，只见"武夷山水天下奇，千峰万壑皆美景"，山上岩石之间长着很多茶树，又听说树上的嫩叶制成的乌龙茶清香味醇，久服有明目、提神、利尿、去腻、健胃、强身等功效。林凤池想，如果能带些回台湾多好啊，于是便向当地茶农购得茶苗 36 棵，细心地包裹好，带到台湾南投县。

乡亲们见凤池衣锦还乡，喜出望外，又见他带来福建武夷山的乌龙茶树苗，格外高兴。于是，他们推选几位有经验的农民精心地把 36 棵茶树苗种植在附近最高的冻顶山上，并派专人管理。由于台湾气候温和，种植的茶树苗棵棵成活，而且苗壮成长，不断吐出绿油油的嫩芽，逗人喜爱。接着，乡亲们按照林凤池介绍的方法，采摘芽叶，加工制成乌龙茶。说来也很奇怪，在山上采制这茶时，山下便能闻到阵阵清香；冲泡后喝起来更是特别清香，甘醇爽口，回味无穷，堪称乌龙茶中风味独特的佼佼者。

知识链接：

冻顶乌龙茶，产于台湾省南投县凤凰山支脉冻顶山一带，主要种植区在台湾南投的鹿谷乡。这里空气湿度较大，终年云雾笼罩，非常适合茶树的生长。那么，为什么给山起名叫冻顶呢？据说，是因冻顶山迷雾多雨，山路崎岖难行，上山的人都要绷紧脚趾（台湾俗称"冻脚尖"）才能上得去，所以称此山为冻顶山，这里产的茶也因此称冻顶茶。

白牡丹煮鲤鱼——白牡丹茶

　　白茶是我国的特产，产自福建省的福鼎、政和、松溪和建阳等县，台湾省也有少量生产。白茶生产已有200年左右的历史，最早是由福鼎县生产的。为什么茶叶会是白色的？这是由于人们采摘了细嫩、叶背多白茸毛的芽叶，加工时不炒不揉，晒干或用文火烘干，使白茸毛在茶的外表完整地保留了下来。

　　福建省福鼎县一带盛产的白茶称"白牡丹"，茶身披白色茸毛，芽叶成朵，宛如一朵朵白牡丹花。白茶有润肺清热功效，所以也常当作药使用。传说，这种茶树是牡丹花草变成的。西汉时有位名叫毛义的太守，清廉刚正，因看不惯贪官当道，于是弃官随母去深山老林归隐。母子俩骑白马来到一座青山前，只觉得异香扑鼻，于是便向路旁一位鹤发童颜、银须垂胸的老者探问香味来自何处。老人指着莲花池畔的18棵白牡丹说，香味就来自那里。母子俩见此处如仙境一般，便留了下来，他们建庙修道，护花栽茶。一天，母亲因年老加劳累，口吐鲜血病倒了。毛义四处寻药，万分焦急。非常疲劳地睡倒在路旁时，梦中又遇见了那位白发银须的仙翁，仙翁问清缘由后告诉他："治你母亲的病须用鲤鱼配新茶，缺

48

一不可。"毛义醒来回到家中，母亲对他说："刚才梦见仙翁说我须吃鲤鱼配新茶，病才能治好。"母子二人同做一梦，就认为一定是仙人的指点。可这时正值寒冬季节，毛义到池塘里破冰捉到了鲤鱼，但冬天到哪里去采新茶呢？正在为难之时，忽然听到一声巨响，那18棵白牡丹竟变成了18棵仙茶，树上长满嫩绿的新芽叶，毛义立即采下晒干。说也奇怪，白毛茸茸的茶叶竟像是朵朵白牡丹花，且香气扑鼻。毛义立即用新茶煮鲤鱼给母亲吃，母亲的病果然好了，她嘱咐儿子一定要好好管理这18棵茶树，说完就跨出门飘然飞去，变成了掌管这一带青山的茶仙，帮助百姓种茶。后来，为了纪念毛义弃官种茶、造福百姓的功绩，人们建起了白牡丹庙，把这一带产的名茶叫做白牡丹茶。

知识链接：

　　白茶：毫色银白，有"绿妆素裹"之美感，且芽头肥壮，汤色黄亮，滋味鲜醇，叶底嫩匀。冲泡后品尝，滋味鲜醇可口。白茶的主要品种有银针、白牡丹、贡眉、寿眉等。中医药理证明，白茶性清凉，具有退热降火之功效。

不做神仙只做茶——水金龟茶

　　有一年，御茶园里震天的喊山祭茶的声音惊动了天庭玉帝仙茶园里专门为茶树浇水的金龟。这老龟在青云山云虚洞里修炼了上千年，原想修成了正果后，上天也可谋取一官半职。没想到上了天庭，那无情的玉帝却派它专门为仙茶园茶树浇水。开始他倒也觉得清闲自在，干久了，就觉得闷得慌。这一天，它猛然听到人间传来"茶发芽，茶发芽"的喊声，不禁偷偷地跑到南天门往下偷看，只见武夷山九曲溪畔御茶园里，正在祭祀茶神。茶农们齐刷刷地跪在地上顶礼膜拜。金龟看到凡人对茶如此敬奉，不由得暗自称赞。一想到自己长年在天庭事茶，却无人问津，气就不打一处来。我这千年金龟还不如人间一株茶，我何不也到人间去作一株茶呢！主意一定，金龟便运用内功，口吐神水。武夷山顿时暴雨倾盆，雨点打得满山遍野树木哗哗作响。雨水像一条条吼叫着的激流，打着翻滚，带着泥沙碎石，向山下奔去。金龟变成一棵茶树顺着暴雨落到了武夷山北。大雨刚停下，磊石寺里的一个和尚就出来巡山了。他拄着根竹竿，走到一个高坡上。在雨后的微光中，看见牛栏坑的山崖上，有一个绿蓬蓬、亮晶晶的东西在蠕动着，像是个爬累了的大金龟趴在坑边喝水。

这和尚又惊又喜，小心翼翼地顺着那条山沟泥路朝前走去，走近了仔细一看，原来是从山上流下来的一棵茶树，这茶树枝像一条条龟纹，远看更像是个大金龟。

和尚高兴地跑回寺里报喜。一进寺门，他就击鼓鸣钟，召来大小和尚，喜滋滋地说："龙王爷给我们寺里送来了金枝玉叶。大家快穿起袈裟，焚香点烛去迎宝呀！"

和尚们跟着方丈出了寺门，一路上敲响木鱼磬钹，念着佛经来到牛栏坑，朝神奇的茶树参拜，祷告茶神"保佑"茶树旺盛，还派人给茶树培土、抓虫，并点上几支香烛，像供奉神灵般地侍候茶树，好让它为寺里添财进宝。

这金龟一来到人间，便受到如此的礼遇，真是人间天上大不一样啊，它需要的就是这份情。金龟心里暖融融的，再加上牛栏坑优越的自然环境，茶树越长越壮实，绿蓬蓬，亮晶晶，阳光一照，越发像闪着光的大金龟了。后来它还被列入武夷岩茶"四大名枞"之一呢！

知识链接：

"水金龟"是武夷岩茶四大名枞之一，产于武夷山区牛栏坑社葛寨峰下的半崖上，因茶叶浓密且闪光模样宛如金色之龟而得名。每年 5 月中旬采摘，以二叶或三叶为主，色泽绿里透红，滋味甘甜，香气高扬；浓饮且不见苦涩；色泽青褐、润亮，呈"宝光"。

鱼仙与吴理真
——四川蒙顶茶的故事

  美丽的蒙山位于四川，不仅盛产绿茶名品蒙顶甘露，而且也是黄茶极品蒙顶黄芽的故乡。蒙山那终年朦朦的烟雨，茫茫的云雾，肥沃的土壤，优越的环境，为蒙顶茶的生长创造了极为适宜的条件。

  "扬子江心水，蒙山顶上茶"。蒙顶茶品质优异，自唐朝起就被列为"贡茶"，可是，谁知道它的来历呢？

  相传，在远古时，青衣江有个鱼仙经过千年修炼，成了一个美丽的仙女。仙女扮成村姑，在蒙山玩耍时，捡到了几颗茶籽，遇见一个采花的青年人，名叫吴理真，两人一见钟情。于是鱼仙掏出茶籽，送给吴理真，和他订了终身，相约来年茶籽发芽时来与吴理真成亲。鱼仙走后，吴理真将茶籽种在蒙山顶上。第二年春天，茶籽发芽了，鱼仙出现了。两人成亲后，相亲相爱，共同劳作，培育茶苗。一次鱼仙解下肩上的白色披纱抛向空中，顿时山上白雾弥漫，笼罩了蒙山顶。白雾滋润了茶苗，茶树越长越旺。鱼仙还生下一儿一女，他们每年采茶制茶，生活美满。但好景不长，鱼仙偷离水晶宫私与凡人婚配的事，还是被河神发现了。河神下令命鱼仙立即回宫。天命难违，无奈何，鱼仙只得忍痛离去。临走前，嘱咐一对儿女要帮助父亲培植好满山茶树，并把那块能变云化雾的白纱留下，让它永远笼罩蒙山，滋润茶树。吴理真一生种茶，活到80岁，因思念鱼仙，最终投入古井而逝。

后来有个皇帝因吴理真种茶有功，追封他为"甘露普慧妙济禅师"。蒙顶茶因此世代相传，朝朝进贡。每次贡茶一到，皇帝便下令派专人去扬子江取水。取水人要净身焚香，午夜驾小船至江心，用锡壶沉入江底，灌满江水，快马送到京城。饮此茶时，要煮沸水冲沏那珍贵的蒙顶茶，先祭拜先皇列祖列宗，然后与朝臣分享香醇的清茶。

知识链接：

蒙顶茶：产于地跨四川省名山、雅安两县的蒙山，历史悠久，是中国最古老的名茶，被尊为茶中故旧、名茶先驱。 茶圣陆羽在评价名茶时曾说："蒙顶第一，顾诸第二"（顾诸茶产于浙江长兴，是唐代名茶中的珍品）。

如今蒙顶茶是四川蒙山各类名茶的总称。其中有传统名茶，也有新创制的茶，品质最佳的为蒙顶甘露、蒙顶黄芽等。

细细毛尖挂金钩
——贵州都匀毛尖茶

　　都匀毛尖茶，原产地在都匀市与贵定县交界的云雾山上。

　　古时候，都匀蛮王有9个儿子和99个女儿。蛮王年老后，有一天突然得了伤寒，病倒在床，他对儿女们说："谁能找到药治好我的病，我就让谁掌管天下。"9个儿子找来9样药，都没有治好蛮王的病。99个女儿去找来的全是一样的药——茶叶，却医好了他的病。蛮王问："从何处找来？是谁给你们的？"姑娘们异口同声回答："从云雾山上采来，是绿仙雀给的"。蛮王高兴地说："真是比仙丹还灵验呀！现在我让位给你们了，但我有个要求，你们再去找点茶种来栽种，今后谁生病，都能治好，岂不更好？"姑娘们第二天来到云雾山，却怎么也找不到绿仙雀了，也不知道茶叶怎么栽种。她们在一株高大的

树下求拜了三天三夜，终于感动了天神，天神于是派了一只绿仙雀和一群百鸟从云中飞来，不停地叫："毛尖……茶，毛尖……茶。"姑娘们说明来意，绿仙雀立刻变成一位美貌而聪明的茶姐，她一边采茶一边说："姊妹们，要找茶种好办，但首先要做到三条：一是要有一双剪刀似的手，平时可以采茶，坏人来偷茶时，就夹断他的手；二是要能变成我这样的尖尖嘴，去捕捉茶林中的害虫；三是要能用它医治人间疾苦，让老百姓健康长寿。"姑娘们说："我们保证做到这三条，请茶姐多多指点。"茶姐拉着这群姑娘的手，叽叽咕咕，指指划划，面授秘诀，姑娘们高兴极了。她们终于得到了茶种，回到都匀后就把茶籽种了下去。第一年，茶籽种在蟒山顶，被冰雹砸坏了；第二年，茶籽种在蟒山半山腰，又被霜雪压死了；第三年，姑娘们把茶籽种在蟒山脚下。由于前两次的失败，这次她们格外精心栽培，细心管理，茶苗长势越来越好，最后，终于长成一片茂盛的茶园。

为了不忘记绿仙雀的指点，后来这茶就取名叫都匀毛尖茶。

知识链接：

都匀毛尖素以"干茶绿中带黄，汤色绿中透黄，叶底绿中显黄"的"三黄三绿"特色著称。1915年它在美国旧金山举行的巴拿马万国博览会上获得优胜奖。

白族三道茶
——头苦、二甜、三回味

　　三道茶也称三般茶，是云南白族招待贵宾时的一种饮茶方式。驰名中外的白族三道茶，以其独特的"头苦、二甜、三回味"的茶道早在明代时就已成了白族待客交友的一种礼仪。三道茶当初只是长辈对晚辈求学、学艺、经商以及新女婿上门时的一种礼俗，而它的形成，还伴随着一个富有哲理的传说。

　　很久以前，在大理苍山脚下住着一位手艺高超的老木匠。老木匠带有一个徒弟，学了多年还不让徒弟出师。一天，他对徒弟说："作为一个木匠，你会雕会刻，但只学到一半的功夫。要是跟我上山，你能把大树锯倒，锯下板子扛回家，才算出师。"徒弟不服气，就跟着师父上山，找到一棵大麻栗树，立即锯起树来。但还未等徒弟将树锯成板子，已觉口干舌燥，只好恳求师父让他下山取水解渴，但师父不依。到傍晚时分，还未锯完板子，徒弟再也忍受不住了，只好随手抓了一把树叶，放进口里咀嚼，想用来解渴。师父看徒弟又皱眉头又咂舌的样子，就笑着问他："味道如何？"徒弟只好实话实说："好苦啊。"师父这时才语重心长地说："你要学好手艺不先吃点苦头怎么行呢？"这样一直到日落西山，板子虽然锯好了，但徒弟已经筋疲力尽。这时，师父从怀里取出一块红糖递给徒弟，郑重地说："这叫先苦后甜。"徒弟吃了糖块后，觉得口不渴了，精神也振作了。于是赶快起身，把板子扛回了家。从此以后，师父让徒弟出师了。分别时，师父舀了一碗茶，放上一些蜂蜜和花椒叶，让徒弟喝下去，师父问道："此茶是苦是甜？"徒弟回答说："甜、苦、麻、辣，什么味都有。"师父听了哈哈大笑，说道："这茶中情由，跟学手艺、做人的道理差不多，要先苦后甜，还得好好回味。"

从此以后，白族的三道茶就成了晚辈学艺、求学时的一套礼俗。以后，应用范围日益扩大，成了白族人民喜庆迎客特别是在新女婿上门、子女成家立业时，长辈谆谆告诫晚辈的一种形式。

知识链接：

三道茶：白语里称"绍道兆"，是白族待客的一种风尚。白族三道茶的第一道茶为"清苦之茶"，它的寓意是做人、立业，就要先吃苦；第二道茶为"甜茶"，它寓意人生在世，做什么事，只有吃得了苦，才会有甜香来；第三道茶为"回味茶"，它寓意人们要常常"回味"，牢牢记住"先苦后甜"的哲理。

六堡茶

　　六堡茶因原产于广西苍梧县的六堡乡而得名，已有 200 多年的生产历史。六堡茶经杀青、揉捻、渥堆、复揉、干燥等几道工序而制成。六堡茶有散茶和篓装紧压茶两种。它的产生也有一个美丽的传说。

　　在六堡诸茶山中，以唐平村黑石茶山出产的茶叶最为著名。据六堡乡茶民世代相传，六堡是一个瑶族和汉族和睦共处的聚居地，因所处位置偏僻，交通闭塞，自古以来民风纯良，是个颇具桃花源式的绿色小天地，直至今天依然如此。所以追溯六堡茶的起源，六堡乡各民族茶民都会讲给你这个相同的传说。

　　很久以前，天上的玉皇大帝想要了解人间的民俗风情，便命仙母娘娘带着一班仙女下凡。有一天，王母娘娘与诸位仙女们落到黑石村，她们又累又渴，看见不远处的黑石山下有一汪日流淌的清澈泉水，大家喝后觉得清甜滋润，远途的劳累也一扫而空。但她们看到

的黑石村百姓却过着非常贫困的生活。因为这里多山少田，人们种出的稻米连自己都不够吃，还要拿出一部分去山外换食盐。王母娘娘很想帮助他们，她想到既然这里田少山多，稻谷不够，那就种茶叶吧。于是，她和仙女们在黑石山上种了茶树并告诉人们，茶树成熟后只要把这棵茶树的叶芽采摘下来晒成干茶，再拿去卖给山外的人，就可以换取足够的粮食和食盐了。

王母娘娘走后，这棵茶树很快就开花结果了。人们将种子散播开来，变成了漫山遍野的茶树林，遍布六堡镇和整个梧州的这些茶树在适宜的气候、土壤与环境下慢慢生长着，逐渐又扩展到整个广西的土地上。采茶做茶的习俗也就这样一代代被苍梧的百姓们传承了下来。

知识链接：

　　六堡茶：属黑茶类，因主产于广西苍梧县六堡乡而得名。它的品质特征为条索长整紧结，色泽黑褐光润，汤色红浓，香气醇陈，滋味甘醇爽口，带有松烟味和槟榔味。在民间，常有人把贮藏数年的陈六堡茶用于治疗痢疾、除瘴和解毒等。

酥油飘香——酥油茶

中国西藏地区有世界屋脊之称。在这里地势较高，空气稀薄，气候干燥、寒冷，当地百姓大多信奉喇嘛教，以放牧和种旱地作物为生，蔬菜、瓜果很少，常年以奶、肉和糌粑为主食。茶叶也自然成为当地人民营养补充的主要来源，是不可缺少的生活食品。目前，在西藏年人均茶叶消费量达15千克左右，为全国之冠。

在西藏饮茶，有喝清茶的，有喝奶茶的，也有喝酥油茶的，虽然名目较多，但喝的最普遍的还是酥油茶。因此，酥油茶也就成了藏族人每日不可缺少的食品。酥油茶是一种以茶为主料的多种原料混合而成的饮料，滋味多样，喝起来涩中带甘，咸里透香，有暖身御寒作用。地处人烟稀少的青藏高原，偶有远道而来的客人，酥油茶也成了他们热情款待宾客的珍贵之物。

打制酥油茶的茶叶，一般要选用紧压茶类中的普洱茶和金尖茶等，加工方法也有一定

的讲究：先将砖茶用水久熬成浓汁，再把茶水倒入"董莫"（酥油茶桶），放入酥油和食盐，用力将"甲洛"上下来回抽几十下，搅得油茶交融，直到发出"嚓伊、嚓伊"的声音后，再倒进锅里加热，制成喷香可口的酥油茶。

藏族人用酥油茶待客，还有一套规距：当客人被让坐到藏式方桌边时，主人便拿过一只木碗（或茶杯）放到客人面前，接着主人（或主妇）提起酥油茶壶（现在常用热水瓶代替）摇晃几下，给客人倒上满碗酥油茶。刚倒下的酥油茶，客人不能马上喝，要先和主人聊天，等主人再次提过酥油茶壶站到客人面前时，客人才可端起碗，先在酥油碗里轻轻地吹一圈，将浮在茶上的油花吹开，然后呷上一口，并赞美道："这酥油茶打得真好，油和茶分都分不开。"客人把碗放回桌上，主人再给添满。就这样，边喝边添，不能一口喝完。热情的主人，要不断将客人的茶碗添满。假如客人不想再喝了，就不要再动碗（杯）了。假如喝了一半不想喝了，而主人已把碗添满，也不要再去碰碗（杯）。客人准备告辞时，可以连着多喝几口，仍不能喝干净，碗里要留一点漂油花的茶底。所以到藏族人家做客时要尊重藏族人民的习惯这才是礼貌。

知识链接：

传说酥油茶的最早出现与文成公主有关，是唐代文成公主进藏时带去茶叶，经过多次反复调制，逐渐形成如今这种喝起来香喷喷、油滋滋的酥油茶。所以直到今天，只要有客自远方来，藏族同胞往往就会沏上一壶酥油茶，以表达对宾客的欢迎。

鸡公山上的画眉鸟——信阳毛尖

很久以前，信阳一带本来没有茶。官府和财主们霸占了山林，强迫老百姓给他们开山造地。不久，乡亲们得了一种叫"疲劳痧"的瘟病，死了很多人。

有个叫春姑的姑娘为了搭救众乡亲们，翻越九十九座大山，涉过九十九条大江，历尽艰难险阻，去找寻能治瘟疫的良药。可在路上她也得了瘟病昏倒在山泉旁。神奇的山泉水将漂来的一片树叶送进姑娘口中，不久，春姑醒过来了。她不仅神清目爽，还浑身是劲！她从口中取出那片树叶，猜想：这一定就是那棵宝树上的叶子吧！于是爬到树上，摘下一粒金灿灿的种子，还高兴地唱起了歌。

她的歌声惊动了一位银须银发的老者，他就是人人敬仰的神农氏。神农氏走到春姑身边，称赞她："你真是位好心的姑娘。这树叫山茶树，种子采下来，必须在 10 天内播进土里才能成活。"春姑想：糟糕！我来寻找良药需要花费好多天时间，10 天内赶不回去怎么办？她伤心地哭了。她的眼泪感动了神农氏老人，他对春姑说我把你变成一只尖嘴巴、大眼睛、长满嫩黄色羽毛的小画眉怎么样？那样你就可以飞回去了，等到茶籽种上，露出茶芽时，只要你忍住不笑，再像刚才那样伤心地哭一场，就会变回原来的模样。春姑同意了，她变成一只小画眉衔起那粒金晃晃的茶籽，向着她的家乡飞去。当她看见家乡的山水时，心里格外高兴。她想唱支歌儿，可刚一张嘴，那粒金色的茶籽就掉下去了。茶籽落到了陡

峭的悬崖上，滚进了深深的石头缝中。小画眉连忙用嘴啄下一朵牵牛花，花朵儿变成了一个精巧的小篮儿，画眉于是衔着小篮儿飞到山下去装土，并把土倒进石缝里。有了土，没水也不成呀，她衔着的牵牛花变成了一个精巧的小水桶。她又飞到山泉边，取来了山泉水，浇灌在石缝中的泥土中。

终于，一棵嫩绿的茶苗从泥土中露出来了，可小画眉却晕倒在茶苗边变成了一块石头。茶苗很快长成了一棵又高又大的茶树。在大茶树旁还长出了一朵比向日葵还大的牵牛花，从那花蕊里飞出一群尖尖嘴、大大眼、浑身长满嫩黄色羽毛的小画眉。它们用嘴啄下了一片茶叶，便向村里飞去，她们把口中衔的茶叶放进病人的嘴里。那些病人马上"药到病除"。茶农们为了纪念变鸟衔茶种的春姑，就给这种小画眉取名叫茶姐画眉。

知识链接：

　　信阳毛尖是中国名茶之一，亦称"豫毛峰"。主要产地在信阳县和罗山县一带，那里海拔在 300～800 米，浓雾环绕，且光照适宜，适合茶叶的生长，是河南省著名特产之一，以细、圆、光、直、多白毫、香高、味浓、汤色绿的独特风格著称，属绿茶类。

仙山圣水炼出的灵丹妙药
——崂山茶

  崂山濒临黄海，空气清新，号称"海上第一名山"。生长在这里的茶树吸收了山水精华，因此有生长周期长、品质优良、叶肥味厚的特点，崂山茶也因此成为中国江北第一名茶。崂山茶不仅味甘形美，它的由来也有很多传说。

  古时，在崂山附近有两座庙。东南不远处的那座叫"铁瓦殿"，据说因为当时所用的屋瓦都是从江南定制的铁瓦，因而称"铁瓦殿"。西南不远处的那座叫"白云庵"。有位住在"铁瓦殿"的老道士，因年纪大，为了延缓体衰和祛病健身，他经常出门爬山，一为锻炼身体，二为采集草药，坚持数年，感觉确实有益。邻近的白云庵里住着一位老道姑，年纪跟老道士差不多，也经常出门爬山，有时候与老道士相伴一起走上一段山路，不过很少见到老道姑采集山珍草药类的东西。令老道士百思不解的是，虽然两人年纪相仿，而自己多年来坚持不懈地锻炼和用药物进补，但仍显老相。再看老道姑，锻炼是一样的，也从未见她服用什么灵丹妙药，却多年来始终是鹤发童颜。一想到这里，老道士就自愧不如，

见面时就觉矮人三分,时间一长,他竟因此而生病了,还卧床不起。忽然有一日,只听"吱呀"一声,铁瓦殿柴扉轻启,老道姑来到了老道士的病榻前。只见道姑从怀中摸出一个小纸包,从中取出几片黑褐色的树叶状的东西,放在碗里,冲上开水,扶起老道士,给他喝了几口。昏睡中的老道士,正迷迷糊糊游走在丰都城外,忽然觉得一股热流从口流向全身。只听得"啊"的一声,老道士缓过气来了。睁开眼的老道士见道姑坐在自己身旁,知道是道姑救了自己一命。于是问道姑给自己喝的是什么药,道姑说,这是崂山上的神茶叶子,并告诉他,自己就是因为常年喝这种神茶水,所以体质健壮,百病不染,容颜不衰。老道士恍然大悟,只觉得精气神又回到了自己的体内。从此,每日与道姑一起到崂山下寻捡神茶树落下的叶子,常年饮用,两人相偕百岁之后无疾而终。

知识链接:

崂山地处黄海之滨,素有北国小江南之称。1959年,崂山"南茶北引"获得成功,形成了品质独特的崂山绿茶。崂山茶具有叶片厚、豌豆香、滋味浓、耐冲泡等特征。按其鲜叶采摘季节分为春茶、夏茶、秋茶;按鲜叶原料和加工工艺,分为卷曲形绿茶和扁形绿茶。

笑眯眯的午子姑娘
——午子仙毫茶

陕西汉中盆地东部有个名叫西乡的县城。县城虽小，名声却大。这里物产丰富，人杰地灵，各种名贵小吃也享誉三秦大地，尤其是"午子仙毫"茶，更是中华一绝，得到各界人士的盛赞。伴随午子山迷人的茶香，流传着一个动人的传奇故事。

距西乡县城 15 里外，有座秀丽而险峻的山峰，不知从什么时候起，来了一位美丽、善良的种茶姑娘，姑娘说她因为出生于午夜子时所以人们叫她"午子姑娘"。姑娘在山顶种植了一片片郁郁葱葱的茶树。

每天清晨，午子姑娘都会用泥陶壶从山洞里取来清泉水，再用木炭把水烧沸，在紫砂杯中放入茶叶，精心冲泡后，敬于客人。

午子姑娘以茶待客的事在方圆百里被传为佳话，连周边的一些名人雅士、禅师道长、僧侣儒生也都慕名而来。后来，她的故事连出巡在外且嗜茶成癖的皇上都知道了，皇上绕道来到了午子山。

皇上在茶棚里召见午子姑娘并品饮香茗后，感慨道："喝遍天下名茶，还数此茶最好"。即决定将此茶定为钦定贡品，专供皇宫享用，并封午子姑娘为"御前茶侍"，即日一同进

宫。让皇上想不到的是，他的这番决定却遭到了午子姑娘断然拒绝。皇上顿时龙颜大怒，吩咐左右砍去午子山茶林，将午子姑娘关进大牢。午子姑娘拦住毁林砍树的人，不卑不亢地对皇上说："我随皇上一同进宫。"当大队人马走到白松崖时，天上突然刮起一阵狂风，午子姑娘借风势，纵身一跃，跳下了山崖。她变成了一只美丽的金凤凰，展开双翅，沿午子山峰的茶园绕飞一圈后，越过对面山头，向天外飞去。皇上惊得目瞪口呆，半晌才回过神来，叹息一声说道："午子姑娘乃是神女茶仙下凡，非凡人所比。看来天意难违，不可冒犯。"

午子山顶的茶园保住了，午子仙女的传说被人们一代又一代地传颂着。为了纪念美丽善良的午子仙女，人们把每年清明前在山顶所采的新茶嫩芽，看作是午子姑娘的化身，取名为"午子仙毫"。在当年午子姑娘搭起茶棚的地方，修建了一座"道观"，取名为"午子观"。在她曾跳崖的地方栽满了白皮松，还把午子姑娘跳崖后变成一只美丽的金凤凰飞过的那座山头，取名为"飞凤山"。

知识链接：

午子仙毫茶产于陕西省西乡县。西乡县地处南北气候的结合部，四季雨量充沛，气候温和，所产茶生长期长，富含微量元素硒，有减肥效果，也有抗癌作用。

小二，来碗北京碗茶

喝大碗茶的风尚在汉民族居住地区随处可见。特别是在道路两旁、车船码头、半路凉亭，以至车间、工地、田间等，都屡见不鲜。这种饮茶习俗在我国北方最为流行，尤其是早年北京的大碗茶，更是闻名遐迩。

早年间，北京卖大碗茶的都是挑挑儿做生意。什刹海海沿上，各个城门脸儿附近，天桥一带，常能碰见挑挑儿卖大碗茶的，一般都是老头或小孩，挑子前面是个短嘴儿绿釉的大瓦壶，后面篮子里放有几个粗瓷碗，还挎着俩小板凳儿。一边走一边吆喝。碰上了买卖，摆上板凳就开张。

卖大碗茶的现在也还有，不过已经改成茶摊了。这种茶摊在旅游景区常能见到。树荫底下，支张小桌，摆几个小凳，玻璃杯里早就晾好了茶水，上边还都盖着盖儿，透着那么干净，那么凉快。顾客来了，一口气能喝下好几杯。

北京茶馆最昌盛的年代是在清朝。那时候，北京四九城的街面上到处都有大大小小的茶楼、茶园和茶馆，从早到晚，接待着三教九流的茶客。茶馆是个公共的社交场所，是

　　"美丽花"姐妹，受百花仙子的帮助化身素白如雪的小花，逃过了一劫。那么那对兄弟又去哪了呢？原来，他们在逃离时，天空乌云密布，伸手不见五指，哥俩误入了"茶园山"，百花仙子用手指把他们引入钻进了地里。不久以后，这里长出了茶树，形成了一大片茶园。

　　从此，这里及附近的山野上都长满了素白如雪的小花。花虽小，却幽香可人。因为它由百花仙子一抹而成的，所以人们称它为"抹丽花"，后来人们称它为"茉莉花"。

　　之后，百花仙子托梦给当地的百姓，让他们把山野里的茉莉花与茶园里的茶叶放在一起。第二天早上，人们冲泡茶叶时，惊奇地发现满屋飘散着浓浓的清香。茉莉花茶便由此产生。有人说，茉莉花茶是"美丽花"与那对兄弟爱情的结晶……

知识链接：

　　花茶：选用上等茶叶做茶坯，与浓郁芬芳的鲜花拌合窨制而成。茶叶因吸收了花香，因此既有花香，又有茶香。

　　茉莉花有提神功效，可安定情绪及舒解郁闷。有胃弱、慢性病支气管炎等呼吸器官疾病的人宜多饮用。此外，对于便秘、腹痛及头痛也有帮助，还可改善昏睡及焦虑现象。

回族罐罐茶

　　住在我国西北，特别是甘肃一带的一些回族、苗族和彝族同胞有喝罐罐茶的嗜好。走进农家，我们会看见堂屋地上挖有一口大塘（坑），烧着木柴，或点燃炭火，上置一把水壶。

　　喝罐罐茶以喝清茶为主，也有少数用油炒或在茶中加花椒、核桃仁、食盐之类的。罐罐茶的制作并不复杂，使用的茶具，通常每家人一壶（铜壶）、一罐（容量不大的土陶罐）、一杯（有柄的白瓷茶杯），也有一人一罐一杯的。熬煮时，通常是将罐子围放在壶四周火塘边上，倒上壶中的开水半罐，待罐内的水重新煮沸时，放上茶叶 8~10 克，使茶、水相融，茶汁充分浸出，再向罐内加水至八分满，直到茶叶又一次煮沸时，罐罐茶才算煮好了，即可倒汤入杯开饮。

　　有些地方是先将茶烘烤或油炒后再煮的，目的是增加焦香味。也有些地方在煮茶过程中，加入核桃仁、花椒、食盐等。但不论何种罐罐茶，由于茶的用量大，煮的时间长，所以茶的浓度很高，一般可重复 3~4 次。

　　由于罐罐茶的浓度高，喝起来有劲，会感到又苦又涩，好在倾入茶杯中的茶汤每次用量不多，不可能大口大口地喝下去。但对当地少数民族而言，因世代相传，也早已习惯成自然了。

　　喝罐罐茶还是当地迎宾接客不可缺少的礼俗。倘有亲朋好友进门，他们就会一同围坐火塘边，一边熬制罐罐茶，一边烘烤马铃薯、麦饼之类，如此边喝茶、边嚼香食。当地人认为喝罐罐茶有四大好处：提精神、助消化、去病魔和保健康。

知识链接：

　　回族主要居住在我国的西北部，特别是甘肃、宁夏、青海三省最为集中。大致来说，在城市习惯于清茶泡饮，在牧区则喜欢用奶茶煮饮，而大多数牧民更钟情于喝罐罐茶。

巨虎搬来南岳水

　　在杭州虎跑景区有两只老虎从石龛边上向游人走来的雕塑，它生动逼真地表现了虎跑泉的由来。

　　很久以前，有大虎、二虎兄弟俩。他们四海为家，好打抱不平，经常帮助穷苦百姓。有一年，他们来到杭州虎跑一带，见这地方虽然景色宜人，却没有水源，当地百姓苦不堪言。兄弟俩一商量就在山腰上一个破落的小寺院里住了下来。此后，他们每天翻过好几个山头去挑水，帮助大家解决缺水难问题。

　　一转眼，到了春末夏初的时节。这一年天热得出奇，树枯了，草蔫了，整个山岭一片枯萎。兄弟俩非常着急，商量着怎么样才能找到更多的水。想来想去，一下子想到南岳衡山的"童子泉"，那里水源充沛，若能把它移过来就好了。

　　第二天天还没亮，兄弟俩就出发了。走了很远才听到泉水的声音。这时一个头梳双髻的仙童拦住了他们。仙童问："想要搬动'童子泉'，需要你们变成拔得起山泉的老虎才行，你们愿意不？"

　　哥俩答道："只要能让山里的百姓有水喝，我们愿意。"话音刚落，两兄弟就变成了

两只老虎。两只老虎仰天长啸一声后，带着"童子泉"直奔杭州而去。

当天晚上，虎跑一带的百姓都做了一个同样的梦，梦里他们看见有两只老虎在大慈山间不停地刨地，清澈的清泉随即涌出。为了纪念大虎、二虎兄弟给他们带来的泉水，他们就给泉起名为"虎刨泉"，后来演变为"虎跑泉"。

知识链接：

虎跑泉：虎跑泉有天下第三泉之称，其水质甘冽醇厚，与西湖龙井茶合称为"杭州双绝"。古往今来，凡是来杭州旅游的人，无不以能身临其境，品尝一下用虎跑甘泉冲泡的西湖龙井茶为乐事。

绿茶冲泡

　　茶是中国人的传统国饮。宾客来时，好客的主人多会泡上一壶好茶招待客人。在江南，泡上的这壶茶，往往是绿茶。这青翠欲滴、碧绿如美人的茶，是怎么样泡的呢？

　　首先是选茶、选水、选茶具。茶叶没有贵贱之分，用当地的茶或客人平时喜欢的茶来冲泡，更显主人的热情和用心。水，当然是用泉水啦茶具则一般选用敞口、不加盖的白瓷或玻璃茶具。古人早就给我们总结好了绿茶冲泡的三种方法：上投法、中投法和下投法。

1. 上投法：先在茶杯中倒上热水，等水温至70℃时再放入茶叶。这种冲泡方式特别适合像碧螺春、信阳毛尖等细嫩度极好的绿茶。

2. 中投法：杯中放入茶叶后，先倒入三分之一杯体的热水，待茶叶吸足水分舒展开后，再注满热水。比较适合冲泡黄山毛峰类虽细嫩但很松展或很紧实的绿茶。

3. 下投法：先投放茶叶，然后一次性向茶杯（茶碗）内注足热水。多数绿茶都适合用这种方法冲泡。

当然，泡好一杯绿茶并不那么简单。还要控制好水温、投茶量和浸泡时间。

佳联欣赏：

上联：汲来江水烹新茗

下联：买尽青山当画屏

红茶茶艺

　　在大雪覆盖天地一片纯白的冬天，一杯红茶汤会带给我们温暖的感觉。

　　说到红茶，很多人印象中这好像是外国人的玩意儿，因为英式下午茶已经深入人心了：阳光明媚的午后，在红茶（或袋泡茶）泡出的茶汁中加入糖、牛奶或一点柠檬、蜂蜜等，盛在精致的花色咖啡杯中，一小口一小口慢慢地品饮，红茶诱人的香气也氤氲而上……

　　但在中国，传统的中国人更喜欢清饮。先将茶杯烫得热热的，然后在白瓷盖碗或玻璃套壶里投入 3~5 克的干茶，以 100~150 毫升的沸水冲泡。如想要得到最佳的茶汤，还须茶艺师在泡好茶后，将茶叶与茶汤分离，一般 2 分钟左右就可以出茶汤了。冲泡时间过久，

茶汤会变得苦涩，红茶特有的感觉会荡然无存。所以，无论是安徽的祁门红茶还是云南的滇红茶，你只要仔细品味，都有一丝香香甜甜的味道。

红茶还有暖胃的功效，最适合在冬天喝。在寒冷的季节里，一杯犹如葡萄酒般火红的茶汤会带你走进茶的童话世界。

知识链接：

红茶：起源于中国。最早的红茶叫正山小种，在明朝中后期（1568年）由福建武夷山镇桐木村创制而成，至今已有400多年的历史。

红茶属于全发酵茶，是以茶树的芽叶为原料，经过萎凋、揉捻、发酵、干燥等工艺精制而成。因其干茶色泽和冲泡的茶汤以红色为主，故名红茶。红茶种类多、产地广，主要有祁门红茶、工夫红茶和小种红茶。此外，从中国引种发展起来的印度、斯里兰卡等地产的红茶也很出名。

白茶冲泡

我们为什么一定要用规范的程序去冲泡茶？看到规范的茶冲泡过程后，有人说，茶艺太麻烦了。其实，只要在冲泡过程中，抓住关键，就能泡出一杯好茶。

白茶的特点是浑身披满了如银针似的毫毛，干茶香气不太明显，但冲泡之后会散发出一种大地回春的清香。白茶的冲泡方法和绿茶接近，清洗茶具后，放入 3 克左右干茶叶，

再往杯中注入 150 毫升的水，因白茶的茶汁不易浸出，所以浸泡的时间要稍长一些，一般需要 5~6 分钟。冲泡时尽量沿着杯子的内壁加水，不损伤茶叶表面的白毫。水温一般控制在 90℃。当茶芽充分吸收水分之后慢慢下沉，杯中密布的茶毫上下回旋，"绿妆素裹"的美感会尽显无疑。

白茶有新茶和老茶的区分，不同年份生产的茶的浸泡时间不同。若是老茶，时间适当要延长，可能需要七八分钟。

白茶性寒凉，比较适合夏季饮用，也适合那些热性体质的年轻人饮用。那些陈放三年以上的老白茶清热降火的药效更明显。

谜底：老舍茶馆

益智茶谜：

谜面：旧居品茗室（猜一北京茶馆名，答案在本页内找）

花茶的冲泡及茶具选配

　　泡饮花茶时，首先看花茶的外形。将茶叶放在干净无味的白纸上，边嗅闻花茶香气，边察看茶胚的质量——烘青、炒青、晒青及嫩度、产地等，得到花茶品质的初步印象。

　　有些花茶中会有明显的干花，那是为了"锦上添花"，人为加入的干花，是没有香气的。因此不能看干花多少而论花茶香气、质量的高低。花茶泡饮方法，以能维护香气不致无效散失和显示茶胚特质美为原则。用初沸开水稍凉至 85℃ 左右冲泡，随即加上杯盖，以防香气散失。若选用玻璃杯，则手托茶杯对着光线，透过杯壁观察茶在水中上下飘舞、沉浮，以及茶叶徐徐开展、复原叶形、渗出茶汁汤色的变幻过程。

　　"一杯小世界，山川花木情"，堪称是艺术的享受，称为"目品"。冲泡 3 分钟后，揭开杯盖一侧，鼻闻汤中氤氲上升的香气，顿觉芬芳扑鼻而来，精神为之一振，故有"草木英华信有神"。有兴趣的，还可嗅着香气做深呼吸，充分领略愉悦香气，称为"鼻品"。茶汤稍凉适口时，小口喝入，在口中稍加停留，以口吸气、鼻呼气相配合的动作，使茶汤

在舌面上往返流动一二次，充分与味蕾接触，品尝茶味和汤中香气后再咽下，这样方能尝到名贵花茶的真香实味。此味令人神醉，正如诗人范仲淹茶歌所说"茶味今轻醍醐"、"茶香兮薄兰藏"。综合欣赏花茶特有的茶味，香韵，谓之"口品"。民间有"一口为喝，三口为品"之说，说明细细品啜才能出味。

泡饮一般中档花茶，不强调观赏茶胚形态，可用洁白瓷器盖杯，100℃沸水冲泡后盖上杯盖，5分钟后闻香气，品茶味。此类花茶香气芬芳，茶味醇正，耐冲泡。

泡饮中低档花茶，或花茶末时，北方叫"高末"。一般采用白瓷茶壶，因壶中水多，保温较茶杯好，有利于充分泡出茶味。视茶壶大小和饮茶人数、口味浓淡，取适量茶叶入壶，用100℃沸水冲入壶中，加壶盖，待5分钟，即可酌入茶杯饮用。这种共泡分饮法，一则方便、卫生，二则家人团聚，或三五亲朋相叙，围坐品茶，互谈家常，较为融洽，添加温馨、和睦的气氛。

知识链接：

　　桂花、茉莉、玫瑰、蔷薇、栀子、木香、梅花等都可制成茶。可摘取半合半开、花形完整的花朵，制作干花放在茶叶中，称作"花茶"。花太多，则花香太浓，会减弱茶香；花太少，则花香不足，花茶的味道就不够完美。所以一般，以三份茶叶配一份干花为宜。

云南普洱茶的冲泡

　　冲泡普洱茶茶器最好用宜兴紫砂。紫砂壶具有良好的透气性、保温性，泡茶不易走味，能较好体现普洱茶的香气和滋味。冲泡普洱茶的茶壶应选容积大一点的壶。用瓷质盖碗冲泡普洱茶也是一种不错的选择，用盖碗冲泡可以观察和欣赏普洱茶茶汤的变化，且瓷质盖碗比玻璃器皿更容易挂香。另外，盖碗的口大，敞开时散热性好，不易闷坏了茶，最适于冲泡细嫩的普洱生茶。

　　用盖碗冲泡普洱生茶时，如果是年限较短的普洱生茶，茶性、汤色上与绿茶接近，滋味甜中带点儿苦，香气醇和。冲泡的水温要低，出汤要快，以免产生熟汤味。冲泡步骤为：第一步是解茶，用茶刀撬取适量生茶，动作要轻，尽量减少碰碎茶叶。第二步是备茶，将撬取的茶叶放入茶荷中备用。第三步是温器，先用烧开的水将盖碗温烫一下，以保证泡茶时的水温不能太低，再温烫公道杯，将碗中的水倒入公道杯中，最后，用公道杯里的热水温烫品茗杯，提高杯子的温度，利于茶香的散发。第四步是投茶、润茶，将备好

的茶投入盖碗中，用开水沿碗盖边冲入盖碗中润茶，迅速将润茶的水倒入水盂中。第五步是泡茶，将开水顺碗边冲入盖碗中，盖好碗盖，将泡好的茶汤倒入公道杯中，控净盖碗中茶汤。第六步是分茶、请茶，将茶汤分入每个品杯至七分满，请客人自取分好的茶汤品尝。

　　冲泡普洱熟茶时，最重要的在于掌握泡茶出汤的时间和节奏。在投茶量合适的情况下要慢冲水快出汤，茶汤的滋味才醇厚、爽滑。冲泡紧压的熟普洱茶与冲泡生普洱茶的前三道工序相同。第四道工序为投茶、润茶，取适量解散后的熟茶投入壶中。润茶时，将水注满壶中润茶，用壶盖将壶口上的浮沫刮去盖上壶盖倒水，迅速地将润茶的水倒掉。泡茶时，将水沿壶口边冲入壶中，盖好壶盖，将滤网放在公道杯上，将泡好的茶汤快速倒入公道杯中，控净茶汤。分茶、奉茶时，将公道杯中的茶汤均匀地分到品杯中，双手奉茶给客人饮用。

知识链接：

　　云南普洱茶：是后发酵茶，可以存放几十年，一般存放时间越久口感越好。因为属于黑茶类，没有绿茶的苦涩，还能清肠、消脂刮油水，同时还具有美容（防止皮肤黑色素沉淀）、治疗皮肤性疾病，以及提神醒脑，促进消化，治痢疾，醒酒，提高免疫力，降血脂等功效。

乌龙茶要用什么茶具

　　冲泡茶叶的器具非常复杂，如盖碗、茶杯、茶仓、茶海、闻香杯、渣方、水方等。乌龙茶因其冲泡过程很费工夫，所以又称"工夫茶"。目前，最具代表的是福建、广东潮汕和台湾。

　　福建工夫茶茶具被称为烹茶"四宝"。第一件是潮汕风炉，它是一只缩小了的粗陶炭炉，为广东潮汕地区所制，是专门拿来生火用的；第二件是玉书煨，是一个缩小的瓦陶壶，架在风炉上，专门用作烧水，一般形状以扁形的为主，约能容水20克；第三件是孟臣罐，是一把比普通茶壶还小的紫砂壶，专门用作泡工夫茶用；第四件是若琛瓯，只有半个乒乓球大小的茶杯（通常要配备2~4只），用江苏宜兴的紫砂制作，专门供饮工夫茶用。

如今，福建工夫茶具更为简便，通常是一个盘（或茶洗），四只小茶杯，一把用水量约150毫升的小茶壶。质地以红泥或白瓷为多。其中，茶盘主要用来承接茶杯、茶壶或废水。倘若是茶洗，不泡茶时还有贮存茶杯和茶壶的功能。

潮汕工夫茶与福建工夫茶所用茶具相差不多，主要也以泥炉、砂铫、冲罐、茶杯和茶洗等茶具组成。不过，一套茶具的茶杯通常为三只，叫"茶三酒四"，品茶以三人为趣。

而台湾功夫茶在冲泡时，除了以上那些器具的配备使用外，还须增加闻香杯和公道杯。此外，除传统的福建、潮汕工夫茶具外，盖碗也是冲泡乌龙茶的理想茶具。盖碗的特点是更适宜用来冲泡铁观音，虽然功能与泡茶用的紫砂壶相同，但使用盖碗的优点是可以随时通过闻盖子感受到茶香。也正是由于盖碗有使用方便、价格低廉等显著优点，人们大都用盖碗来冲泡各类乌龙茶。

知识链接：

　　品饮乌龙茶要做到三忌：一是空腹不能饮，否则会感到饥肠辘辘，甚至会头晕眼花，翻肚欲吐，有人说这是"茶醉"。二是睡前不能饮，否则会使人难以入睡。三是冷茶不能饮，因乌龙茶冷后性寒，对肠胃不利。乌龙茶中所含的茶多酚以及咖啡碱较其他茶多。

泡茶"真功夫"
——乌龙茶的冲泡

　　乌龙茶又称青茶，属半发酵茶，种类繁多。这种茶呈深绿色或青褐色，泡出的茶汤则是蜜绿或蜜黄色。如冻顶乌龙、闽北水仙、铁观音和武夷岩茶等。颜色呈青绿、暗绿等。选用的鲜叶原料通常是两叶一芽、枝叶连理，大多是对口叶，芽叶相对比较成熟。

　　根据产地不同可将乌龙茶分为广东乌龙、闽南乌龙、闽北乌龙、台湾乌龙四大类。福建是乌龙茶的发祥地，在那里最具特色的沏泡方式有两种：一种是以铁观音为代表的条索比较紧实的茶，他们的外形就像一颗颗的小圆球，可以用紫砂小壶进行冲泡；另一种是以

武夷岩茶为代表的茶类。从外形上看，它们细细长长的，像极了绍兴的梅干菜，这种形状的茶，比较适合用盖碗冲泡。

用壶泡球形茶，干茶的投放量基本掌握在壶的三分之一或二分之一；用盖碗泡岩茶，投茶量就得多，大概要往碗里投入八到九成满的干茶，之后是加水，先"高冲"，茶叶通过激荡，如游鱼在壶内旋转，有利于滋味迅速溢出。紧接着是"低斟"，在茶壶口沿处加水，避免茶叶香气的过分飘散。

"关公巡城"和"韩信点兵"，是分茶汤时用的冲泡手法，目的都是使每个小茶杯中的茶汤浓度均匀，做到平等待客、一视同仁。

知识链接：

　　乌龙茶具有花香果味，从清新的花香、果香到成熟香气都有，滋味醇厚回甘，略带微苦亦能回甘。

凉拌茶——基诺族的吃茶习俗

　　滇南山区的基诺族是一个保持母系社会传统文化最悠久的民族，他们主要聚居于云南西双版纳景洪基诺山。基诺山，是著名的产茶区，驰名中外的普洱茶是当地的特产。基诺族是热情好客的民族，每有客人到来都会邀请客人品尝具有当地民族特色的"凉拌茶"，即用鲜嫩茶叶制作的凉拌茶当菜食用，这是极为罕见的吃茶法。

　　据说它的出现还有一个关于"女始祖尧白"的故事。传说，很久以前尧白造天地以后，召集各民族去分天地。基诺族没有参加。尧白先后派汉族、傣族来请，基诺族没有去。尧白又亲自来请，基诺族还是无动于衷。尧白气得拂袖而去，走到一座山上时，想到基诺族现在不来参加分天地，以后生活会有困难，便站在山顶上，抓了一把茶籽撒在龙帕寨的土地上。从那时起，基诺族居住的地方便开始种茶，并成为云南六大茶山之一。现今的基诺

人仍保留着母系原始生活的一些习性，如吃"凉拌茶"、住"公房"等（也就是很多人住在一起，过着数十家合居的生活）。

凉拌茶以现采的茶树鲜嫩新梢为主料，再配以黄果叶、辣椒、大蒜、食盐等制成，具体可依各人的爱好而定。制作时，先将刚采来的鲜嫩茶树新梢，用手稍加搓揉，把嫩梢揉碎，然后放在清洁的碗内；再将新鲜的黄果叶揉碎，辣椒、大蒜切细，连同适量食盐投入盛有茶树嫩梢的碗中；最后加上少许泉水，用筷子搅匀，静置15分钟左右即可食用。

与其说凉拌茶是一种饮料，还不如说它是一道菜更确切，因为它主要是在基诺族吃米饭时当菜吃的。拌茶味道清凉咸辣，爽口清香，吃后能提神醒脑，具有一定的营养价值。基诺族人也把凉拌茶称为"拉拨批皮"。

知识链接：

基诺族除了有吃凉拌茶的古老习俗外，在他们的日常生活中还有一种常见饮茶方式就是喝煮茶。先用茶壶将水煮沸，随即在陶罐内取出适量已经过加工的茶叶，投入到正在沸腾的茶壶内，煮3分钟左右，当茶汁浸出时，即可将壶中的茶注入到竹筒供人饮用。

韩国饮茶面面观

　　韩国人从新罗时代开始就有自己的茶文化。韩国茶礼的"和、敬、俭、美"精神体现了他们以礼待人、俭朴廉政的生活习俗。

　　韩国茶礼不仅种类繁多，还独具特色。如韩国的"传统茶"里可以不放茶叶，但有几百种材料可以选用。

　　经过长期发展，"传统茶"已经达到无物不能入茶的程度。比较常见的是五谷茶，如大麦茶、玉米茶等；药草茶，如五味子茶、百合茶、艾草茶、葛根茶、麦冬茶、当归茶、桂皮茶等；水果茶，如大枣茶、核桃茶、莲藕茶、柚子茶、橘皮茶、石榴茶等。

这些传统茶中以大麦茶最为出名。大麦茶是将烘烤过的大麦粒放在开水中泡制而成，不仅香气诱人，还富含维生素、矿物质、蛋白质、膳食纤维等对人体有益的物质，因而成为韩国家庭喜爱的大众茶。韩国人喜饮大麦茶，多与地理位置和气候条件，以及他们以烧烤为主的饮食方式分不开。

大麦茶有很好的助消化作用。大麦本身是性寒的，但经过烹煮后寒性会减弱，因此在进食油腻食物后饮大麦茶，可以去油解腻，起到健脾胃、助消化的作用。此外，大麦茶还具有"抗污染"的功效。有研究表明，坚持饮用大麦茶，可以有效降低体内铅等8种重金属的浓度，起到为人体做"大扫除"的作用。

知识链接：

　　韩国人的饮茶史也有数千年。公元7世纪时，饮茶之风已遍及全国，并流行于民间。因而韩国茶文化也成为韩国传统文化的一部分。在中国的宋朝、元朝时期，韩国全面学习了中国茶文化，并以韩国茶礼为中心，普遍流传了中国宋元时期的点茶。约在中国元代中叶后，在韩国众多茶房、茶店、茶食、茶席曾时兴和普及中华茶文化。现在，每年的5月25日为茶日，要举行茶文化祝祭。主要内容有韩国茶道协会的传统茶礼表演、韩国茶人联合会的成人茶礼、高丽五行茶礼和国仙流行新罗茶礼，以及陆羽品茶汤法等。

日本人怎么喝茶

　　日本的茶道是一种通过品茶艺术接待宾客、交谊和恳亲的特殊礼节。茶道不仅要求有幽雅的自然环境，而且规定有一整套煮茶、泡茶、品茶的程序。

　　日本人把茶道视为一种修身养性、提高文化素养和进行社交的手段。茶道有繁琐的程序，茶叶要碾得精细，茶具要擦得干净，主持人的动作要规范，既要准确到位，又要有舞蹈般的节奏感和飘逸感。茶道品茶很讲究场所，一般均在茶室中进行。接待宾客时，待客人入座后，由主持仪式的茶师按规定动作点炭火、煮开水、冲茶或抹茶，然后依次献给宾客。客人按规定须恭敬地双手接茶，先致谢，然后三转茶碗，轻品、慢饮、奉还。

　　点茶、煮茶、冲茶、献茶是茶道仪式的主要部分，需要专门的技术和训练。饮茶完毕，按照习惯，客人要对各种茶具进行鉴赏，赞美一番。最后，客人向主人跪拜告别，主人热情相送。

　　日本茶道是在"日常茶饭事"的基础上发展起来的，它将日常生活与宗教、哲学、

伦理和美学联系起来，成为一门综合性的文化艺术活动，其不仅是物质享受，更主要的是通过茶会和学习茶礼达到陶冶性情、培养人的审美观和道德观的目的。

16世纪末，千利休继承历代茶道精神，创立了日本正宗茶道。他提出的"和敬清寂"，用字简洁而内涵丰富。"清寂"是指冷峻、恬淡、闲寂的审美观；"和敬"表示对来宾的尊重。繁复而熟练的礼法是为了使人超然物外。

日本茶道是用一种仪式来向人讲述禅的思想，正如参禅需要顿悟一样，其中蕴涵的人生经验，需要饮茶者用生命的一段时光来领悟。

佳联欣赏：

上联：一帘春影云拖地
下联：半夜茶声月在天

北欧风情——俄罗斯红茶

　　俄罗斯人饮茶的记载始于 1567 年，先受到上层贵族的宠爱，17 世纪后期迅速普及到各个阶层。到 19 世纪，茶仪、茶礼、茶会和茶俗在俄罗斯文学作品中不断出现，茶字成了某些事物的代名词，连给小费也叫"给茶钱"。

　　俄罗斯人每天的日常生活中都离不开茶，他们尤其钟爱红茶。20 世纪 90 年代以前，俄罗斯人就对红茶情有独钟，目前红茶仍是俄罗斯人首选的茶品。早餐时喝茶，一般吃夹火腿或腊肠的面包片、小馅饼。午餐后也喝茶，除了往茶里加糖外，有时加果酱、奶油、柠檬汁等。在周末、节假日或洗过热水澡后，更喜欢饮茶。他们把喝茶作为饮食的补充，所以喝茶时一定要伴以糖果、糕点、面包圈、蜂蜜和各种果酱等。

　　俄罗斯气候寒冷，用随时可以加热、保温的茶具冲泡红茶是他们的传统，而红茶也是当地人藉以保暖身体的传统饮料。调制俄式红茶时，通常他们比较喜欢茶汤浓郁，因

此冲泡时往往会投放较多的茶叶。首先，将小壶内的红茶水煮开，倒入茶杯中约四分之一的高度，再用开水将红茶冲淡至适合的浓度；最后，可加入柠檬片、果酱、兰姆酒或白兰地及糖块，以增添红茶的风味。

俄罗斯人饮茶十分考究，不仅要求茶叶品质优异，还要有十分漂亮的茶具。有的喜欢用中国陶瓷杯，有的喜欢用玻璃杯，但最习惯用茶炊煮茶喝。

茶炊，实际上是喝茶用的热水壶，装有把手、龙头和支脚，质地多为银制或铜制，它最大的特点在于随时可以加热、保温泡茶时所需的用水。茶炊的内部有一金属制的中空导管，在其中燃烧木炭，以便煮沸茶炊中的热水。热水锅炉上方有导管，可使锅炉中的蒸气直通茶炊上方放置的小茶壶，并加以蒸煮，这样便可煮出浓郁的红茶。

知识链接：

饮茶在俄罗斯的历史中虽不长，但在俄罗斯民族文化中占有重要地位。在饮茶过程中，俄罗斯人逐步建立和拥有了自己独特的茶文化。历史上，茶从中国经西伯利亚传到俄罗斯。据记载，俄罗斯人第一次接触茶在1638年。当时，作为友好使者的俄国贵族瓦西里·斯塔尔代表沙皇送给蒙古可汗一些紫貂皮，蒙古可汗回赠的礼物是4普特（约64千克）茶叶。品尝后，沙皇喜欢上了这种饮料，茶叶也随之登上了皇室的宫殿，然后又进入了一个个贵族家庭。

飘在鼻尖上的茶香——土耳其茶

    土耳其，地处亚洲小亚细亚和欧洲巴尔干半岛东南。很久以前，茶就随着丝绸之路远行到了欧洲。作为丝绸之路的终点，土耳其完整地保留下了一套属于自己的茶文化。

    茶是土耳其人生活的必需品，早晨起床，未曾刷牙用餐，他们先要喝杯茶。无论是大中城市，还是小城镇，到处都有茶馆，甚至点心店、小吃店也兼卖茶饮。别有情趣的是，凡在城市工作的人，只吹一吹口哨，附近茶馆的服务人员，随即手托一个精致的茶盘，上放一杯热茶，给你送上。所以，在城市，不但茶馆星罗棋布，而且到处都可以看到有串街走巷，挨门挨户送茶的服务员。车船码头还有专门卖茶的人，口中不断地喊着"刚煮的茶"来回卖茶给过往客人。在机关、公司、厂矿，都有专人负责煮茶、卖茶和送茶。在学校教师办公室里，设有专门电铃，教师若要喝茶，只要一按电铃，就会有专人提着茶盘和杯子将茶送去。学生在课间也可去学校专门开设的茶室里喝茶。茶饮已渗透到土耳其的每个角落、各个阶层，成为土耳其一道颇具特色的生活景观。

土耳其人喜欢的茶是不加奶但要加入方糖的甜味红茶。他们盛茶的器皿也很讲究。多为形状似窄腰阔肚花瓶的玻璃小杯子，放在一只小碟子上。无论在当地茶馆或商店，一律使用这类器皿。土尔其人一般喜欢喝烫的茶，趁热喝茶，对于他们来说是件很美妙的事情。一些茶馆的主人还会提供一些水果茶，如苹果茶、奇异果茶（由猕猴桃制成）等，味道又酸又甜，非常好喝。

土耳其茶的烹制方式也比较特别。是用两只壶叠放在一起同时煮茶，下面的那只体积约是上面那只的两倍，里面盛有大半壶的水，而上面那只放的是茶叶和水。用下面壶中水的蒸汽去加热上面壶中的茶水。当然最终人们喝到的茶是两个壶中水的混合物。

知识链接：

　　公元 5 世纪，中国商人沿着丝绸之路翻山越岭、长途跋涉，将茶叶运抵蒙古国边境，同土耳其人以茶易物。据说，从那以后，中国茶在土耳其"生根发芽"，逐步形成了与中国茶文化一脉相承的土耳其茶文化。土耳其人也养成了爱喝茶的习惯，土耳其语也就有了"茶"一词。由于土耳其人喜欢吃烤肉、奶酪和甜食，热能都很高，在饭后喝上一杯红茶，既可以去油腻，又可以保护被甜食"侵蚀"过的牙齿。所以茶成为了他们生活里的必需品。

茶迷贵妇人——英国下午茶

英国人有300多年饮红茶的历史，他们在茶中加糖、加牛奶，并成为餐后的必备饮料。英国也是红茶消费量最多的国家之一。

下午茶起源于17世纪。当时，英国上流社会的早餐都很丰盛，午餐较为简便，而社交晚餐则一直到晚上8点左右才开始，人们便习惯在下午4点左右吃一些点心、喝杯茶。有位很懂享受生活的安娜玛丽亚女伯爵，因为当时午餐和晚餐之间相隔时间很长，在这段时间里她感觉身体疲惫，为解除由于饥饿引起的强烈不适，她每天下午都会差遣女仆为她准备一壶红茶和点心。后来发现这种下午茶安排得非常惬意，她就开始邀请朋友们和她一起喝下午茶。不久，伦敦上流社会的人士都沉迷于这种活动，他们聚在一起喝茶，吃着美味的三明治和饼干，天南地北地高谈阔论。这也是英国下午茶的由来。

下午茶最初只限于在家中用高级、优雅的茶具来享用，后来逐渐演变成招待友人欢聚

的社交茶会，进而又衍生出各种礼节。但现在形式已简化了不少。虽然下午茶现在已经简单化，但茶的正确冲泡方式、喝茶时优雅的摆设和丰盛的茶点，这三项内容则被视为下午茶的传统而流传了下来。

红茶刚传进欧洲时，由于是遥远东方来的珍品，"喝茶"还只是上流社会的专属享受。后来，红茶在伦敦的咖啡屋、红茶庭园开始流行。咖啡屋是名流聚集交流、饮茶的场所。红茶庭园则出现于伦敦郊区，大多数英国人借此才开始接触红茶。英国贵族赋予了红茶以优雅的形象及丰富华美的品饮方式，下午茶更被视为社交的入门、时尚的象征，是英国人招待朋友、开办沙龙的最佳形式。享用下午茶时，英国人喜欢选择极品红茶，配以中国瓷器或银制茶具，摆放在铺有纯白蕾丝花边桌巾的茶桌上，并且用小推车推出各种精制茶点。

18世纪中期以后，随着生产技术的进步，英国贵妇人之间风行的时尚逐渐平民化，茶才真正进入一般平民的生活。

知识链接：

　　茶叶传入欧洲是在16世纪左右。1517年，葡萄牙从中国带回茶叶，几十年后饮茶风气已经很流行。公主凯瑟琳嗜好饮茶，1662年她嫁给英皇查理二世后，提倡皇室饮茶，带动了全国的饮茶之风。英国还将茶叶转运到殖民地，以后又运销到德国、法国、瑞典、丹麦、西班牙等国。饮茶不但席卷整个欧洲，还风行美国，以致后来美洲移民为了抗议英国提高茶税，在波士顿港口将英国船上的茶叶倒入海里，从而引发了一场战争，最终导致了美国的独立。

绿茶也香甜——摩洛哥茶饮

　　茶沿着丝绸之路穿越阿拉伯世界，来到享有"北非花园"美称的摩洛哥。摩洛哥人的饮茶史距今已有300多年，这里的饮茶之风已经超越了茶叶的故乡中国，而且更加讲究排场，应该说喝茶已经成为摩洛哥人生活的一个重要部分。

　　摩洛哥地处非洲西北部地区，气候炎热而干燥，摩洛哥人赖以生存的基本食品是面包、糖、茶。长期以来，茶叶已成为这个国家人民生活中不可缺少的生活必需品。摩洛哥人饮茶很讲究，他们以茶待客时，宴请宾客前后要上茶三次，以示敬意。客人若不喝，则被认为是不礼貌。

　　摩洛哥人喜食羊肉，爱好甜食，而饮茶能解除油腻帮助消化，而且茶叶中还包含对人体有益的药效成分。据说摩洛哥有1500万人口，每年进口茶叶约2.4万吨，人均茶叶消费量超过1千克。摩洛哥也是世界上进口绿茶最多的国家。

　　摩洛哥人的泡茶方法非常独特，他们使用的是长嘴巴、大肚子的银或铜材质的茶壶，

茶具上雕刻着各式各样具有浓厚民族色彩的花纹和图案。沏茶时，先在壶里放上茶叶，冲少许沸水后立即倒掉；再冲上开水，放入很多白糖；然后加上一大把鲜薄荷叶，泡几分钟后，才倒入杯子喝。茶叶泡第二、三次时，还要酌量添加一些茶叶和糖。

关于摩洛哥人饮茶还有两个传说。一个是，在 17 世纪，英国饮茶之风盛行，中国茶叶已成为向英国输出的主要农副产品。一艘满载中国茶叶的英国货轮，运经摩洛哥沿海时，轮船发生故障，并开始下沉，英国船员们争相逃命弃船而去。这时摩洛哥人却将船上的茶叶抢运上岸，当地居民饮用后，感觉甘醇爽口，其味无穷，于是大家奔走相告。后来逐渐成风，摩洛哥人开始养成了喝茶习惯。

另一个是，有个英国茶壶厂的推销员在摩洛哥的阿拉伯市场上出售茶壶，在与当地的社会名流的交往中，他用茶和糖冲泡成饮料来招待客人。客人离开时，他还赠给这些上层人士每人一把茶壶、一些茶叶和糖。后来，摩洛哥人逐渐养成了喝茶的习惯，英国人也卖掉了它的茶壶。虽然这只是一些传说，但广为流传。

佳联欣赏：

上联： 秋夜凉风夏时雨
下联： 石上清泉竹里茶

图书在版编目（CIP）数据

画说中国茶：茶事·茶俗／中国茶叶博物馆编著；
母隽楠绘. -- 北京：中国农业出版社, 2015.12
ISBN 978-7-109-21205-3

Ⅰ.①画… Ⅱ.①中… ②母… Ⅲ.①茶叶－文化－
中国－青少年读物 Ⅳ.①TS971-49

中国版本图书馆CIP数据核字(2015)第288101号

封面设计：左小榕
版式设计：左筱榛

中国农业出版社出版
（北京市朝阳区麦子店街18号楼）
（邮政编码　100125）
责任编辑　胡键　赵勤

鸿博昊天科技有限公司印刷　　新华书店北京发行所发行
2016年2月第1版　　2016年2月北京第1次印刷

开本：889mm×1194mm　1/16　　印张：7
字数：215千字
定价：58.00元
（凡本版图书出现印刷、装订错误，请向出版社发行部调换）